OS Milagres

de

Jesus Cristo

LUIZ ROBERTO MATTOS

Agradecimento

"Agradeço a Jesus por ter sido quem foi e por ter feito o que fez, quando por aqui passou, o que me despertou profundo amor, respeito e admiração, gerando a minha vontade de escrever sobre ele".

"Dedico esta obra a todos os admiradores de Jesus, e em especial a minha esposa Vanda, responsável pelo despertar de minha vontade de escrever sobre o Grande Mestre".

INTRODUÇÃO

A humanidade acabou de encerrar o segundo milênio e entrou no terceiro. E essa expectativa está diretamente associada ao marco zero, ou ano zero, que é o nascimento de Jesus Cristo, ou Jesus de Nazaré. Assim, hoje, a nossa contagem de tempo se prende a Jesus.

Muitos homens existiram que marcaram a história humana, mas não se tem conhecimento de nenhum que tenha exercido tanta influência em nossa história quanto Jesus Cristo. E qualquer que seja a visão que tenhamos dele, como Filho de Deus, como moralista sonhador, ou como um revolucionário, o fato é que Jesus gerou uma das alterações mais profundas já ocorridas na civilização, e levou a humanidade a uma visão radicalmente nova do mundo.

Raramente vemos em capas de revistas pessoas que já tenham morrido há muito tempo, que tenham vivido no século dezenove ou antes. Mas não é raro vermos Jesus Cristo em capa de revista, mesmo depois de quase dois mil anos de sua morte, como recentemente aconteceu no Brasil, tendo ele sido capa das revistas GLOBO CIÊNCIA, Ano 7 - N 77, e SUPER INTERESSANTE, Ano 12, N 6, de junho de 1998. E isto se deve ao fato de, até hoje, Jesus Cristo continuar sendo uma figura enigmática, carismática, atraente sob todos os aspectos, empolgante, cativante e inexplicável. Foi muito mais que um simples homem, e por isso muitos o julgam Deus encarnado, ou pelo menos Filho de Deus.

No final do século e milênio passado, no meado de 1998, voltou à cena o enigma do Santo Sudário, reportagem de capa da revista brasileira Super Interessante. E com ele reabre-se a discussão e a investigação acerca da autenticidade do lençol que teria envolvido o corpo de Jesus após sua morte. Intrigantes conclusões datadas de 1978 são repassadas, e novas surgem, após novos exames, sem resolver de todo o mistério, mas, ao contrário, deixando-nos ainda mais intrigados com o lençol manchado de sangue e "queimado" de forma a mostrar um homem de frente e de costas quando fotografado e visto o negativo do lençol.

Muitos livros já foram escritos sobre Jesus Cristo, e muitos certamente ainda surgirão, pois o tema não se esgota, porque não há conclusão definitiva a seu respeito. Um homem, apenas? Deus que se fez homem? Estas e outras perguntas nos convidam a reflexões e mais reflexões, e nesta análise somos forçados a estudar os seus milagres, que o distingue dos homens comuns.

Nesta obra, nos propomos a analisar de forma imparcial, e com as luzes do início do século vinte e um os chamados milagres de Jesus Cristo, a fim de termos uma clara visão dessa faceta de sua personalidade sobre-humana, e como essa visão e interpretação podem nos auxiliar na caminhada humana na Terra, dando-nos uma maior compreensão de nosso destino e nossa origem espiritual, e dando-nos a certeza de que Jesus Cristo vive de fato, ainda que não em matéria, e acompanha nossos passos, nossas dores e nossas alegrias, até a consumação dos séculos, como disse em vida.

BREVE HISTÓRICO DO POVO JUDEU.

O povo judeu teve sua origem com Abraão, que nasceu por volta do ano 2.000 a.C., e viveu na cidade de Ur, na Caldéia, no sul da Mesopotâmia. Vivia ele em uma tribo idólatra.

Após receber uma revelação divina, segundo o livro Gêneses, da Bíblia, Abraão deixou seu país de origem acompanhado de sua esposa Sara e um sobrinho chamado Ló, com seus pertences, e se dirigiram para a terra denominada de Canaã, por indicação de Deus. Ali permaneceram até que um período de fome os fez migrarem para o Egito. Nesse país Abraão fez fortuna, e depois de algum tempo retornou para Canaã com sua família, fixando-se em Hebron, nas imediações do Mar Morto. Contudo, Ló e sua família não acompanharam Abraão, preferindo ir para a cidade de Sodoma.

Abraão e sua família, quando chegaram em Canaã, foram chamados de hebreus, palavra que deriva de "ivri", e que quer dizer "o que está do outro lado do rio", significando que eles eram imigrantes em Canaã, tendo vindo de além rio, que, no caso, era o Rio Eufrates. Os hebreus foram os ancestrais dos judeus, e esse nome, hebreus, era dado aos israelitas por outros povos.

O idioma falado e escrito pelos hebreus era o hebraico, que pertence ao subgrupo lingüístico cananeu e está intimamente ligado ao fenício e ao moabita.

O hebraico era o idioma predominante na Palestina até o início do século III a.C., época em que foi suplantado pelo aramaico, idioma do povo chamado arameu, que vivia no norte da Mesopotâmia, e tem origem incerta. Contudo, apesar de ter deixado de ser o idioma falado pelos hebreus, o hebraico continuou a ser usado na liturgia e na literatura do povo.

O documento mais antigo escrito em hebraico, que se conhece, é o Canto de Débora, contido no livro Juizes, da

Bíblia. Esse canto foi grafado em caracteres fenícios, e se acredita ter sido escrito antes do ano 1.000 a.C.

A destruição de Jerusalém e a partida dos hebreus para o cativeiro da Babilônia, no século IV a.C., marcaram o início do declínio do hebraico falado na Palestina. A língua a partir dessa época sofreu infiltrações das línguas canaanitas, bem como do acadiano e do aramaico. Assimilou também grande número de palavras sumérias, latinas e persas.

As três principais religiões monoteístas do mundo - cristã, muçulmana e judaica - reconhecem Abraão como sendo o primeiro dos patriarcas de Israel. Ele representa para todas essas religiões a transição da idolatria para a crença em um só Deus, que consideram verdadeiro.

Depois de Abraão, a personalidade mais importante para os hebreus foi Moisés. Nascido no Egito, filho de hebreus, no final do século XIII a.C., foi criado por uma filha do faraó. Ao ver, certa vez, um feitor maltratando um trabalhador hebreu, Moisés o matou, e teve que fugir. Soube já em idade adulta que era filho de hebreus, o que acabou por influencia-lo a favor desse povo.

Após ter contato com Iavé, que era Deus para os hebreus, Moisés trabalhou incessantemente para tirar os hebreus do Egito, por orientação de Deus, cujos fatos são detalhadamente narrados na Bíblia no livro Êxodo.

O êxodo ocorreu no século XII a.C., tendo Moisés feito o povo hebreu andar pelo deserto do Sinai durante 40 anos, a fim de "purificar" a religião da influência egípcia, visto que os hebreus eram monoteístas, enquanto os egípcios eram politeístas.

Moisés é considerado pela tradição judaica o maior profeta hebreu. Foi ele quem criou propriamente a nação dos judeus.

Moisés morreu muito velho, com cem anos ou mais, entre o final do século XII e o início do século XI a.C. Conforme lhe informara Iavé, não chegaria a pisar a terra prometida. E de fato Moisés morreu muito próximo, podendo vê-la de cima de um monte. Antes, porém, recebeu de Deus os Dez Mandamentos no Monte Sinai, e preparou um conjunto de leis baseadas nos mandamentos de Deus, e designou seu sucessor Josué, que levaria os hebreus até a terra prometida.

O primeiro profeta do povo hebreu após o êxodo comandado por Moisés, e já na terra prometida, foi Samuel, que viveu no século XI a.C., tendo sido contemporâneo de Josué, provavelmente. Foi ele quem garantiu a independência dos hebreus contra os filisteus, e foi o fundador da monarquia. Ungiu o primeiro rei dos hebreus, Saul, e depois ungiu também Davi.

Davi foi rei de Israel no século XI a.C., durante 40 anos, logo após Saul. A Bíblia relata a façanha de Davi ao derrotar um gigante filisteu com uma funda, em uma batalha. Foi Davi quem fixou a capital de Israel em Jerusalém, cidade que conquistou dos jebuseus, e para onde levou a Arca da Aliança. E foi sob o seu reinado que o estado de Israel, na antiguidade, atingiu seu esplendor máximo.

Salomão foi o sucessor de Davi, e seu filho. Viveu em meados do século X a.C., e notabilizou-se por sua sabedoria. Foi o rei que conduziu Israel ao máximo poderio militar e comercial, e quem construiu o templo de Jerusalém, chamado depois de Templo de Salomão. Possuía um harém com 700 esposas e 300 concubinas.

Após a morte de Salomão, por volta do ano 930 a.C., o estado hebreu foi dividido em dois, chamados de Israel e Judá, enfraquecendo com isso a nação, e permitindo que pouco tempo depois suas terras fossem invadidas e a nação conquistada respectivamente por assírios (722 a.C.) e babilônios (587 a.C.).

No século IX a.C. reinou Acab de Israel, de 874 a 854 a.C., que, influenciado por esposas estrangeiras que viviam no seu harém, introduziu no país o culto a Baal, o que implicou em retrocesso religioso, afastando o povo do monoteísmo e de Iavé para prendê-lo à idolatria. Nesse tempo vivia o profeta Elias, que tinha uma "língua de fogo", pois suas palavras "queimavam". E Acab entrou em choque com Elias por causa da idolatria. Elias nasceu para restaurar a fé dos judeus, e para reconduzir o povo desorientado e entregue à idolatria. Foi sucedido pelo profeta Eliseu, que, segundo a tradição, viu seu mestre ser levado por uma carruagem de fogo.

Entre os séculos IX e VII a.C., viveram ainda os profetas Natã, Sofonias, Naum e Habacuque.

Isaías foi um dos maiores profetas de Israel, considerado o primeiro dos quatro profetas maiores. Viveu no século VIII a.C. e anunciou – profetizou - a ruína de Judá e Israel. Em 722 a.C. uma de suas profecias se confirmaram, quando os assírios invadiram Israel, ao norte, e em 587 a.C. os babilônios invadiram Judá, ao sul, e destruíram Jerusalém, levando os sobreviventes como escravos para a Babilônia.

Isaías foi o primeiro profeta judeu a centrar o Reino Messiânico em Jerusalém. No capítulo 2 de seu livro ele escreveu que de Sião sairia a lei, e de Jerusalém a palavra do Senhor, que julgaria as nações e arguiria muitos povos; que das espadas dos povos seriam feitos arados, e das lanças foices; e que não mais levantariam a espada uma nação contra a outra, e nem se adestrariam mais para a guerra. Isto coincide em muitos aspectos com as palavras de Jesus. E Jesus pode ter sido mesmo a confirmação das profecias de Isaías.

Isaías foi o primeiro profeta a anunciar a vinda do Messias, conforme se vê no capítulo 7 de seu livro, ao dizer que o Senhor daria um sinal, dando luz uma virgem a um filho, que seria chamado Emanuel. Os evangelhos identificam Jesus com essa criança, e a virgem seria Maria, mãe de Jesus. Essas profecias foram feitas mais de setecentos anos antes de Jesus nascer. No capítulo 9, Isaías, referindo-se à Galiléia, escreveu que aquele povo, que andava em trevas, viu uma grande luz, e aos que habitavam na região da sombra da morte nasceu o dia.

E que eles se alegrariam quando o Senhor lhes aparecesse. Isaías escrevia como se as coisas fossem já presentes, muitas vezes, pois via de fato os acontecimentos como sendo o presente, como se estivessem acontecendo.

Ainda no capítulo 9, escreveu "porquanto já um pequeno se acha nascido para nós, e um filho nos foi dado a nós, e foi posto o principado sobre o seu ombro, e o nome com o qual se apelide será admirável, conselheiro, Deus forte, pai do futuro século, príncipe da paz. O seu império se estenderá cada vez mais, e a paz não terá fim. Assentar-se-á sobre o trono de Davi, e sobre o seu reino, para o firmar e fortalecer em juízo e justiça, desde então e para sempre".

Desde Isaías, no século VIII a.C., até Jesus, nenhum profeta ou homem comum de Israel ousou se identificar com o Messias, na forma anunciada por Isaías no texto acima transcrito. Somente Jesus o fez, e logo depois veio a destruição de Jerusalém e a diáspora, não tendo mais havido profetas em Israel até os dias atuais, neste início de milênio.

Isaías ainda escreveu sobre o reino universal e pacífico do Messias nos capítulos 11 e 12 de seu livro. Escreveu: "Louvai ao Senhor, e invocai o seu nome. Fazei notórios entre os povos os seus desígnios. Lembrai-vos que o seu nome é excelso". E "Cantai ao Senhor, porque Ele fez coisas magníficas. Anunciai isto em toda a Terra". E ainda "Exulta, e louva, morada de Sião, porque o grande, o Santo de Israel está no meio de ti". Isaías escrevia como se fosse presente, vendo os fatos acontecerem, como geralmente os profetas e grandes videntes vêem. Via Jesus, provavelmente, e suas obras, que chamou de coisas magníficas, e com razão, mais de setecentos anos de acontecerem.

No capítulo 13, Isaías escreveu coisas parecidas com as que Jesus falou acerca do juízo que haveria na sua volta, e com os escritos do Apocalipse, de João. E no capítulo 24, mais ainda, narra acontecimentos semelhantes aos preditos e narrados por Jesus a seus discípulos quando falou dos sinais dos tempos e da proximidade do juízo. Isaías também escreveu sobre o juízo universal.

Entre os séculos VIII e VII a.C. viveu o profeta Miquéias (740 a 687 a.C.), que também anunciou a vinda do Messias como futuro rei de Israel, e indicou o lugar de seu nascimento como sendo Belém. No capítulo 4, Miquéias escreveu coisas semelhantes às que escreveu Isaías, sobre o dia da vinda do Senhor. No capítulo 5, escreveu Miquéias: "E tu, Belém Efrata, tu és pequenina entre as milhares de Judá! Mas de ti é que me há de sair aquele que há de reinar em Israel, e cuja geração é desde o princípio, desde os dias da eternidade. Por isso Deus os abandonará até o tempo em que parirá aquela que há de parir, e então as relíquias de seus irmãos se ajuntarão aos filhos de Israel. E ele estará firme, e apascentará o seu rebanho na fortaleza do Senhor, na sublimidade do nome do Senhor seu Deus, e eles se converterão, porque agora se engrandecerá ele até as extremidades da Terra. E ele será a paz".

Entre os séculos VIII e VII a.C., viveu o profeta Ezequiel. E ainda no século VII a.C., os profetas Sofonias e Naum.

Entre os séculos VII e VI a.C., viveu o profeta Jeremias (640 a 587 a.C.), que pregou por mais de 40 anos.

No século VI a.C., ainda, viveram os profetas Ezequiel, o segundo Isaías, Zacarias, que profetizou de 520 a 518 a.C. e celebrou o nascimento do Messias, e entre esse século e o século V a.C., viveram também os profetas Ageu, que defendeu a reconstrução do templo de Jerusalém, Daniel, Abdias, Malaquias, Joel e Jonas, que teria sido engolido por um grande peixe e expelido vivo três dias depois, citado por Jesus em uma passagem dos evangelhos ao se referir sobre o único prodígio que o povo veria, comparando sua ressurreição com o fenômeno ocorrido com Jonas.

Um denominador comum entre os profetas de Israel era a defesa de Iavé (Deus) e sua ética. Todos os profetas judeus eram profundamente éticos, religiosos, e criticavam os reis quando cometiam erros, chamando-os ao arrependimento.

O último profeta judeu a anunciar a vinda do Messias havia sido Zacarias, entre 520 e 518 a.C., até que apareceu João Batista, já contemporâneo de Jesus de Nazaré. Assim, havia já mais de 500 anos que os judeus esperavam a vinda do Messias, desde a última previsão profética, feita por Zacarias, e sem receberem nenhum outro profeta, como outrora era comum e freqüente. E esse tempo sem profetas se encaixa perfeitamente nos escritos do profeta Miquéias, ao dizer que Deus abandonaria os judeus até que parisse aquela mulher que havia de parir, ou seja, até que Maria, mãe de Jesus, lhe trouxesse à luz.

Foram 500 anos sem profetas, até que surgiu João Batista. Se considerarmos que ele tinha mais ou menos a mesma idade de Jesus, ele nasceu quando Maria pariu Jesus, o que coincide com a profecia de Miquéias, ou seja, Deus abandonou o povo judeu em termo de enviados seus, os profetas, até que Maria pariu Jesus, e foi exatamente nesse tempo que também nasceu João Batista. Isso leva à conclusão de que a profecia de Miquéias estava correta, e de que João Batista era de fato também um enviado de Deus, para preparar o surgimento iminente do Messias, Jesus de Nazaré, que já estava se preparando para começar a sua missão e se anunciar como o Messias esperado e anunciado pelos antigos profetas.

João Batista também foi um profeta, pois falava em nome de Deus, e defendia a sua ética, criticando o rei Herodes por seu comportamento imoral, dando um exemplo ruim para o povo. João dizia para as pessoas se arrependerem e fazerem penitência, porque o Reino de Deus estava próximo. E dizia que estava próxima a vinda do Messias.

Jesus se apresentou para ser batizado por João Batista quando tinha cerca de trinta anos, e então João o indicou a seus discípulos como sendo o Messias esperado há tanto tempo, e de quem ele, João, não era digno nem de desatar a correia das sandálias. João se recusou a princípio a batizar Jesus, mas acabou cedendo à sua insistência, e o batizou, e depois disso Jesus começou sua pregação, e João foi preso e decapitado, tendo que minguar para que Jesus crescesse.

Jesus se apresentou aos judeus como o Messias, o Filho de Deus, tendo feito muitos milagres, principalmente curas, e fez algumas previsões para o futuro, mas somente para seus discípulos, que depois escreveram os chamados evangelhos.

Morreu Jesus provavelmente no ano 32 da era cristã, sem que tenha conseguido convencer a todo o povo judeu a não lutar contra os romanos, mas a ama-los. E pouco depois de sua morte o Sinédrio se transformou em Conselho de Guerra, e insuflou o povo à revolta contra os romanos, que dominavam Israel desde o ano 63 a.c. No ano 70 da era cristã os romanos cercaram Jerusalém durante vários meses, impedindo a chegada de alimentos e água, enquanto atacavam a cidade. As tropas de Tito, que depois se tornaria imperador de Roma, não deram trégua, até invadirem a cidade e matarem à espada a maior parte da população. Jerusalém foi totalmente destruída, inclusive o grande templo. Os que sobreviveram foram vendidos como escravos para várias partes do Império Romano. E começou-se a diáspora, a dispersão dos judeus pelo mundo.

Depois da diáspora, nos séculos seguintes, a Palestina foi sucessivamente ocupada por bizantinos, persas, árabes, cruzados, mamelucos, otomanos e britânicos.

No final do século XIX começou-se a fixação de colonos judeus na Palestina, e já havia movimento na Europa e Estados Unidos para a criação do estado judeu na Palestina.

Em 1897 foi realizado o Primeiro Congresso Sionista na Suíça, tendo como objetivo a criação de um estado judeu na Palestina.

Em 1922 a Liga das Nações Unidas outorgou o mandato sobre a Palestina ao Reino Unido, e os britânicos facilitaram então a imigração dos judeus para a Palestina, desrespeitando antiga limitação de imigrantes judeus. Mas protegeram os britânicos ao mesmo tempo os direitos dos habitantes árabes.

Em novembro de 1947 a ONU aprovou a partilha da Palestina, e em 14 de maio de 1948 foi proclamado o Estado de Israel. Com isso, os britânicos declararam findo o seu mandato na Palestina e deixaram o país, que foi imediatamente invadido pelos árabes pelo leste e pelo sul, dando início à guerra da Palestina.

Israel esteve em guerra com o Egito e com outros vizinhos árabes. Conseguiu fazer a paz com o Egito graças ao presidente egípcio Sadat, e somente em 1993 assinou acordo de paz com os palestinos, através de Arafat, líder da OLP (Organização para a Libertação da Palestina).

Até os dias atuais os conflitos entre judeus e árabes acontecem, com mortes de parte a parte. Bombas colocadas em mercados, shoppings, pontos de ônibus, nas ruas, etc., não param de acontecer em Israel. Choques na fronteira com o Líbano, com mortes freqüentes, sempre acompanhados de bombardeios por parte da aviação israelense aos acampamentos dos guerrilheiros que ficam no sul do Líbano.

Durante a Guerra do Golfo, em 1991, o Iraque lançou vários mísseis sobre o território de Israel, para provocar a sua entrada na guerra contra o Iraque e fazer com que outros países árabes se juntassem e também lutassem contra os Estados Unidos. Este país ajudou Israel a se defender dos mísseis iraquianos, conseguindo a muito custo impedir sua entrada na guerra, porque, se Israel entrasse, poderia ter chegado ao ponto de usar armas nucleares, como bombas atômicas, possuindo Israel pelo menos cem delas. O desastre seria muito grande naquela região.

Os palestinos prometeram declarar independentes alguns territórios dentro de Israel em maio de 1999, o que não ocorreu graças a insistentes apelos de líderes políticos junto a Arafat. E Israel vive uma há tempo uma guerra civil não declarada, entre muçulmanos e judeus. A região continua ainda sendo um imenso barril de pólvora.

Este é apenas um ligeiro e muito sintético resumo da história de Israel e do povo judeu, importante para situarmos Jesus no tempo e entendermos um pouco melhor o povo entre o qual vivia.

A VIDA DE JESUS - UM POUCO DE HISTÓRIA

Hoje é certo e pacífico entre os historiadores que pesquisam a vida de Jesus Cristo que seu nascimento não se deu no ano que hoje é o marco para a contagem do tempo, ou seja, o ano zero da Era Cristã. Teria nascido Jesus, na verdade, entre os anos 8 e 6 a.c., ou seja, na verdade Jesus nasceu seis a oito anos antes da data que se fixou como sendo aquela de seu nascimento. E esse erro de datação do nascimento de Jesus se deveu ao monge Dionísio, o Pequeno (500-545 d.C.), que foi encarregado de organizar um calendário pelo Papa da Igreja Católica no século V.

A afirmação dos historiadores se baseia na citação feita no Evangelho Segundo Lucas, quanto ao recenseamento feito pelos romanos, ocorrido na época do nascimento de Jesus, e que foi o primeiro feito na Palestina, destinando-se a regularizar a cobrança de impostos. Os historiadores situam esse acontecimento, o recenseamento, entre os anos 8 e 6 a.C.

O astrônomo alemão Johannes Kepler (1571-1630), pai da moderna astronomia, e profundo conhecedor da astronomia antiga, buscando explicação científica para o que poderia ter sido a "Estrela de Belém", mencionada nos Evangelhos da Bíblia, e vista no dia em que Jesus nasceu, acabou por apresentar uma teoria. Segundo seus estudos, uma conjunção entre os planetas Saturno e Júpiter em Peixes seria vista na Terra com imensa luminosidade, semelhante ao que se denominou de "Estrela de Belém". E a última conjunção desses planetas ocorrera em 22 de agosto do ano 7 a.C. Note-se que esta data está em acordo com o recenseamento feito pelos romanos na Palestina (entre 8 e 6 a.C.). Procurou-se elaborar o mapa astral de uma pessoa nascida nessa data, e concluiu-se que ela seria uma pessoa destinada a mudar o mundo. Incrível coincidência. É possível que Jesus tenha nascido no dia 22 de agosto do ano 7 a.C.

No Evangelho segundo Mateus (capítulo 2), escreveu ele: "Tendo pois nascido Jesus em Belém de Judá, em tempo do rei Herodes, eis que vieram do Oriente uns magos a Jerusalém, dizendo: Onde está o rei dos judeus, que é nascido? Porque nós vimos no Oriente a sua estrela: e viemos a adorá-lo". Nos outros evangelhos não há registro dessa passagem.

Note-se que Mateus não fala em reis, mas em magos. A Mesopotâmia, onde se situava o Império Babilônio naquela época, era a terra dos magos, e dos astrólogos. O berço da astrologia foi a Mesopotâmia, como hoje se reconhece.

Alguns interpretam a "Estrela de Belém" como sendo um OVNI (objeto voador não identificado). Contudo, o texto de Mateus é claro ao mencionar uma estrela. Ademais, essa estrela foi vista também pelos magos no Oriente. Isto nos leva a crer que realmente se tratava de uma estrela, ou planeta irradiando luminosidade. Naquele tempo os conhecimentos de astronomia eram muito rudimentares, e não se distinguia muitas vezes planeta de estrela.

Ainda em Mateus (capítulo 7), está escrito: "Então Herodes tendo chamado secretamente os magos, inquiriu deles com todo o cuidado que tempo havia que lhes aparecera a estrela". Isto demonstra que os reis naquele tempo tinham magos, ou astrólogos na corte, para aconselha-los. Isto era comum, e até mesmo no império romano isto acontecia. E Herodes quis saber deles quanto tempo tinha que a estrela havia aparecido, para que pudesse encontrar a criança nascida.

Os maiores astrólogos daquele tempo estavam na Babilônia. Assim, é bem provável que astrólogos, que também eram magos, tivessem previsto o nascimento de alguém muito importante para a humanidade na data do aparecimento da chamada "Estrela de Belém", que pode ter sido mesmo a conjunção de Saturno com Júpiter em Peixes, ocorrida no dia 22 de agosto do ano 7 a.C. Do contrário, o que os levaria a sair de um país tão distante a cavalo ou camelo à procura da criança nascida?

Quanto ao ano em que morreu Jesus, está associado ao tempo em que Pôncio Pilatos era o governador romano na Palestina, tendo sido dada a sentença de morte a Jesus, por crucificação, provavelmente no ano 32 da Era Cristã. Assim, Jesus viveu na verdade entre 38 e 40 anos, e não apenas 33 anos, como se pensava. Como Lucas em seu evangelho registrou que Jesus tinha mais ou menos 30 anos quando iniciou sua pregação, tem-se que ele pregou durante 8 a 10 anos, e não apenas 3 anos. Esse tempo maior justifica o que escreveu João em seu evangelho, que Jesus realizou tantas obras que se fossem todas registradas por escrito o mundo não conteria todos os livros (João, cap.21, v.25).

Jesus nasceu em Belém, na Judéia, que hoje faz parte de Israel. Viveu em Nazaré após voltar do Egito, para onde sua família fugira para livra-lo da morte ordenada por Herodes. Só deixou essa cidade definitivamente quando iniciou sua missão, aos trinta anos de idade.

A existência de fato de um homem chamado Jesus, que teria sido crucificado em Jerusalém, dando nascimento depois a uma religião com muitos seguidores hoje não pode ser contestada. E isto porque, além dos evangelhos reconhecidos pela Igreja Católica e pelos historiadores, que relatam sua vida, ensinamentos, milagres e profecias, há também documentos outros, históricos, de origem não-cristã, que mencionam Jesus, a exemplo dos escritos do historiador da corte romana de Domiciano, o judeu Flavio Josefo, que menciona a morte de João Batista em termos que coincidem substancialmente com os relatos evangélicos, dando-lhes com isso autenticidade, e ainda registrou o mesmo Flavio Josefo o martírio de Tiago, "irmão daquele Jesus que é chamado Cristo", segundo palavras suas. Josefo escreveu sobre a história do povo judeus por volta do ano 50 d.c., e menciona Jesus como "obrador de feitos extraordinários". Ele devia ser criança quando Jesus foi morto, e deve ter colhido muitos relatos acerca dos feitos de Jesus, que foi um homem muito famoso em seu tempo. A existência de Jesus era recente para ele.

Há também o maior historiador romano, Tácito, que mencionou a figura de Cristo, ao referir-se ao incêndio de Roma. Nero, para desculpar-se, atribuiu o incêndio aos cristãos, cujo nome, afirma Tácito, "lhes vem de Cristo, o qual, sob o principado de Tibério, o procurador Pôncio Pilatos entregara ao suplício...". E o Talmude de Jerusalém e também de Babilônia confirmam a existência histórica de Jesus de Nazaré.

Em abril de 1992, para alvoroço dos historiadores, e para maior confirmação da existência histórica de Jesus de Nazaré, descobriu-se em uma das grutas do sítio arqueológico de Qumran, às margens do Mar Morto, próximo à cidade de Jericó, na Palestina, território de Israel, um fragmento de papiro datado aproximadamente do ano 50 d.C. O texto está escrito em caracteres gregos, e trata-se de uma conhecida passagem da vida de Jesus descrita no evangelho de Marcos. Até então, entre os famosos Manuscritos do Mar Morto, nada havia sido identificado como fazendo referência à existência de Jesus. Mas naquele ano de 1992 as coisas mudaram de rumo, e os historiadores tiveram a certeza de que não só existira de fato um homem chamado Jesus naquela região, como também foram feitos registros a seu respeito desde pelo menos vinte anos após a sua morte, o que mudou a crença anterior de que os registros evangélicos somente tardiamente foram elaborados.

Os Manuscritos do Mar Morto foram escondidos em gruta pelos essênios, membros de uma seita judaica dissidente e purista, que viviam em uma comunidade às margens do Mar Morto. A maior quantidade dos manuscritos foi encontrada logo após a Segunda Guerra Mundial por jovens pastores, mas somente recentemente traduzida, e só em 1992 foi encontrado o fragmento que menciona Jesus. A sobrevivência desse fragmento pode ser considerada, em certo sentido, um verdadeiro milagre, encontrado já no final do milênio, e a confirmar a existência e importância de Jesus de Nazaré já bem pouco tempo depois de sua morte. Se Jesus tivesse sido um homem comum, sem maior importância, não teriam escrito sobre ele, e ainda mais em grego, quando os judeus falavam e escreviam em aramaico no seu tempo, e não teriam escondido os escritos na gruta. Jesus deve ter sido considerado muito importante por quem escreveu sobre ele.

Arqueólogos encontraram em Cafarnaum, nas imediações da sinagoga do século I, uma casa com anzóis e jarros para peixe, onde se encontrou em escavações uma placa com a inscrição: "Casa do Príncipe dos apóstolos". É mesmo possível que ali tivesse existido a casa de Pedro.

Em 2002 foi divulgada a descoberta de uma urna funerária com uma inscrição em aramaico, a língua falada por Jesus, que diz: "Ya'akov bar yosef akhui di yeshua", que em português quer dizer "Tiago, filho de José, irmão de Jesus". A Bíblia indica a existência de um irmão de Jesus chamado Tiago, nascido depois dele. Exames atestaram que a peça encontrada é mesmo da época de Jesus.

A palavra *cristianismo* deriva de Cristo, que na sua raiz grega significa *ungido*. Jesus se identificou com a figura do Messias esperado pelos judeus, e prometido por Deus desde os tempos dos profetas Miquéias, Isaías e Zacarias, por intermédio deles. O Messias, o Salvador, era esperado há mais de 500 anos quando nasceu Jesus.

Na época em que Jesus viveu, a nação judaica estava sob domínio estrangeiro fazia muito tempo, e os sonhos de liberdade eram já muito antigos. A região ficava situada numa zona de tensão entre os grandes impérios do mundo oriental, e por isso a nação perdeu sua independência política desde o exílio da Babilônia, nos fins do século VI a.C. Depois vieram os persas, os gregos com Alexandre, o Grande, e por último os romanos, em 63 a.C.

Na época de nascimento de Jesus a Palestina era foco constante de revoltas e resistência contra Roma, e por isso muitos foram crucificados antes e depois de viver Jesus. E os judeus esperavam um Messias, um Salvador, que efetivamente os salvasse, mas do domínio dos romanos, o que dificultou a aceitação de Jesus quando ele se recusou a ser coroado rei dos judeus, pois eles queriam que Jesus liderasse a revolta contra os romanos, o que estava fora dos planos de Jesus. Dizia ele: "meu reino não é deste mundo".

Jesus viveu num tempo de intensa agitação política na Palestina. As principais forças políticas de seu tempo eram compostas pelos *saduceus*, que negavam a imortalidade da alma, e foram os principais responsáveis pela condenação de

Jesus; *escribas*, ou doutores da lei, que eram os intérpretes das escrituras; *fariseus,* puristas e nacionalistas, que esperavam do Messias a libertação do jugo romano, acreditavam na imortalidade da alma e na ressurreição do corpo; *zelotas,* dissidentes dos fariseus, ultranacionalistas, que pretendiam expulsar os romanos pagãos pelas armas, sendo por isso ferozmente perseguidos pelos romanos; e *essênios,* sacerdotes dissidentes e leigos exilados, que viviam em comunidades ultrafechadas em Qumran, considerando-se os únicos puros de Israel.

Pelo que indicam os evangelhos, Jesus era carpinteiro, profissão que deve ter exercido até iniciar sua vida missionária aos trinta anos. Isto devia fazer dele um homem forte, do ponto de vista físico, devido ao trabalho braçal. Seguiu o mesmo ofício de José, seu pai, o que era comum naqueles tempos em Israel.

Na região onde Jesus viveu o povo era preponderantemente moreno, de cabelos escuros e olhos castanho-escuros, como até hoje os árabes e os chamados palestinos que vivem em Israel, bem como os jordanianos, egípcios, iraquianos, iranianos, turcos e muitos outros povos vizinhos. Assim, é bem provável que Jesus fosse também moreno, de cabelos pretos ou castanho-escuros, o mesmo se dando com os olhos. O tipo louro e de olhos azuis não se coaduna com o tipo étnico da região nos tempos de Jesus. A imagem do Cristo louro e de olhos azuis foi criação dos cristãos europeus, estes sim, em grande parte, louros e de olhos claros. Todavia, não se pode descartar totalmente a possibilidade de ter sido ele claro e de olhos azuis, visto que durante vários séculos Israel foi dominada pelos gregos e depois pelos romanos, que eram claros e tinham olhos claros. Quem sabe o sangue helênico ou romano não se misturou com os antepassados de Jesus...isso não é impossível.

Ao longo de sua missão na Terra, Jesus Cristo operou muitos dos chamados milagres, como curas, multiplicação de alimentos, levitação sobre as águas, ressuscitamento de mortos etc. É sobre esses milagres de Jesus Cristo que estaremos tratando nas linhas seguintes desta obra.

CONSIDERAÇÕES PRELIMINARES SOBRE MILAGRE

"O termo milagre designa um acontecimento surpreendente, inexplicável por causas naturais, atribuído à presença e ação de um poder divino" (Enciclopédia Britannica do Brasil Publicações Ltda, edição 1997).

Conforme a definição transcrita da BARSA na página anterior, milagre é um acontecimento surpreendente, inexplicável por causas naturais, atribuído à presença e ação de um poder divino.

Neste final de século vinte, com todo o avanço da ciência e da tecnologia, o homem ainda não consegue explicar nem entender muitos dos chamados milagres descritos nos quatro evangelhos e atribuídos a Jesus Cristo. E se os aceita como verídicos, ou seja, se aceita que os evangelistas escreveram a verdade, esses milagres são realmente surpreendentes, e demonstram no mínimo que Jesus Cristo não era um homem comum, mas, pelo contrário, um homem dotado de capacidades paranormais muito além do que já se viu até hoje, e muito além da compreensão humana, e que Deus poderia mesmo estar operando por ele os milagres.

Algumas correntes espiritualistas modernas, como o Espiritismo, tentam explicar os milagres de Jesus e mostrar que eles nada têm de sobrenatural, mas que foram produzidos por causas naturais, apenas não conhecidas inteiramente. E procuram explicar os fenômenos através da ação dos fluidos espirituais e perispirituais e através da participação dos espíritos. Contudo, a ciência oficial de todo o mundo ainda não reconheceu esses fluidos descritos nas obras espíritas, nem sequer a existência dos espíritos, e por isso ainda não se considera ciência o Espiritismo.

Allan Kardec, o codificador do Espiritismo, com todo o respeito que lhe devoto, na sua obra "A Gênese" negou tivesse Jesus multiplicado os pães e peixes, e que tenha caminhado sobre as águas do Mar da Galiléia, dando outra interpretação aos fenômenos, no que discordo totalmente, e puramente baseado no que está escrito nos quatro evangelhos, única fonte segura de pesquisa e interpretação que possuímos. Para nós, neste ponto ao menos, Allan Kardec se equivocou.

Nesta obra, vamos analisar um a um os milagres operados por Jesus Cristo, descritos nos evangelhos, com as luzes deste final de século vinte, observando a ciência e mostrando aquilo que já foi reconhecido e aceito e aquilo que ainda constitui completo mistério mesmo para os maiores cientistas, e que, realmente, é surpreendente, ainda não explicável cientificamente, e que pode de fato demonstrar a presença de um poder divino.

Utilizaremos a expressão milagre em nossas análises, significando exatamente a definição dada anteriormente, posto que muitos dos fenômenos produzidos por Jesus Cristo realmente são inexplicáveis para a ciência, e têm causas desconhecidas no que tange às leis físicas e químicas até agora conhecidas. É tudo questão de nome, apenas. Talvez um dia deixemos de chamar esses fenômenos de milagres, mas hoje muitos deles ainda podem ser assim chamados, porque continuam não explicados pela nossa ciência mais avançada, e continuam sendo surpreendentes.

A PARANORMALIDADE DE JESUS CRISTO

A ciência hoje já reconhece a vidência, a telepatia, a telecinésia, a levitação e outros fenômenos paranormais como autênticos, ainda que não explique de forma profunda e satisfatória a causa desses fenômenos.

Existem no mundo poucas pessoas que podem ser consideradas superdotadas de faculdades paranormais ou extrasensoriais. Uns possuem a vidência ocasional; outros, a telepatia em certos momentos e sob certas condições especiais; outros, conseguem mover objetos leves por poucos centímetros sem toca-los; alguns produzem curas utilizando passes magnéticos ou outras técnicas de imposição das mãos; alguns conseguem ler os pensamentos e ver o passado das pessoas; há os que conseguem se projetar para fora do corpo com um corpo energético ou espiritual e ver ambientes distantes e descrevê-los; há os que vêem o futuro etc. Mas não se conhece ninguém que possua todas essas faculdades ao mesmo tempo e em grau elevado e permanente.

Jesus Cristo, a julgar pelos quatro evangelhos, era um homem extraordinariamente bem dotado de faculdades que hoje chamamos de paranormais, ou extrasensoriais. Era um grande sensitivo, para usar outra expressão também usada nos dias atuais. Médium, não, porque não havia nenhum espírito operando por ele. O próprio Jesus operava, ou Deus por ele, o que afasta a definição de médium, a não ser que se lhe chame Médium de Deus.

Vemos nos evangelhos a narração de situações em que Jesus via à distância, tomando conhecimento de fatos que ocorriam muito longe; percebia os pensamentos de pessoas presentes junto a ele e via o passado ou o futuro delas, além de ver sua vida em detalhes; curava todo tipo de doença, e trouxe de volta à vida pessoas já consideradas mortas. E tudo isso era freqüente em sua vida missionária, e não apenas ocasional. Ele era um paranormal excepcional, que prendia as pessoas não só pelos seus poderes, mas sobretudo pela sua simplicidade e amor às pessoas.

Analisaremos cada faculdade e cada tipo de fenômeno separadamente, reunindo todos aqueles semelhantes num mesmo capítulo, facilitando a busca pelo leitor e a análise em bloco.

VISÃO À DISTÂNCIA

Jesus vê uma jumenta e seu filhote em aldeia próxima

Segundo Mateus (cap.21), quando Jesus e seus discípulos chegaram próximo a Jerusalém, em Betfage, enviou dois de seus discípulos a uma aldeia próxima dizendo: "Ide a essa aldeia que está diante de vós e logo achareis presa uma jumenta e um jumentinho com ela. Desprendam-na e tragam-nos. E se alguém vos disser alguma coisa, respondei-lhe que o Senhor precisa deles, e logo vos deixarão trazê-los". E os discípulos foram e trouxeram para Jesus a jumenta e o jumentinho, e os cobriram com seus vestidos, e colocaram Jesus sobre a jumenta. E Jesus entrou triunfalmente em Jerusalém.

Jesus vinha de longe, não tendo estado naquela aldeia antes de mandar até lá os dois discípulos. Assim, é lógico pensar-se que não havia visto com os olhos do corpo de carne a jumenta e seu filhote na aldeia. Dessa forma, somente pode ter visto os animais com outro tipo de visão.

A visão à distância também pode ser chamada de dupla vista, ou vista do espírito. Ou ainda de clarividência. Nesse caso, é a alma quem vê, exteriorizando-se, ainda que parcialmente, do corpo, ou prolongando seu corpo espiritual além dos limites dos sentidos físicos. Jesus teria visto os animais na aldeia sem ir lá fisicamente, e sem que os tivesse visto com os olhos do corpo físico. Viu com a visão da alma, e o que viu foi confirmado pelos discípulos, quando chegaram na aldeia e de fato encontraram logo a jumenta e seu filhote. Jesus possuía essa faculdade também, e não era raro usa-la.

Hoje não é raro esse tipo de faculdade, contudo bem poucos podem afirmar possuir domínio sobre ela.

A ciência já reconhece a clarividência e a estuda em laboratório. Na Missão Apolo 11, nos anos 60, a Nasa fez testes de clarividência com astronautas que estavam indo para a Lua

VISÃO DO PASSADO INDIVIDUAL

Jesus vê o passado de uma mulher samaritana

Conta-nos João (cap. 4) que estava Jesus indo da Judéia para a Galiléia e, passando pela Samaria, foi em direção à cidade de Sicar, onde havia um poço, chamado de Fonte de Jacó. Jesus estava cansado da viagem, e se sentou na borda do poço, e seus discípulos foram até a cidade comprar mantimentos. Então chegou uma mulher samaritana para tirar água do poço. E Jesus lhe disse: "Dá-me de beber". E a mulher lhe disse: "Como tu, sendo judeu, pede a mim, uma mulher samaritana, água para beber, posto que os judeus não se comunicam com os samaritanos?". E Jesus respondeu: "Se tu possuísses o dom de Deus, e soubesse quem é o que te diz "dá-me de beber", tu certamente lhe pedirias e ele te daria a água viva". E a mulher disse a Jesus: "Senhor, tu não tens com que a tirar, e o poço é fundo. Onde tens então essa água viva? És tu maior do que o nosso pai Jacó, que foi o que nos deu este poço, do qual ele mesmo também bebeu, e seus filhos e seu gado?". E respondeu Jesus: "Todo aquele que beber desta água tornará a ter sede, mas o que beber da água que eu lhe hei de dar, nunca jamais terá sede, mas a água que eu lhe der virá a ser nele uma fonte de água que salte para a vida eterna". Então a mulher lhe disse: "Senhor, dá-me dessa água para eu não ter mais sede, nem vir aqui tira-la". E lhe disse Jesus: "Vai, chama a teu marido e vem cá". E a mulher disse: "Eu não tenho marido". E Jesus disse: "Bem disseste, não tenho marido, porque cinco maridos tiveste, e o que agora tens não é teu marido. Isto disseste com verdade". E a mulher disse: "Senhor, pelo que vejo, tu és profeta. Nossos pais adoraram sobre este monte, e vós outros dizeis que em Jerusalém é o lugar onde se deve adorar". Jesus falou: "Mulher, creia-me que é chegada a hora em que vós não adorareis o Pai nem neste monte nem em Jerusalém. Vós adorais o que não conheceis, nós adoramos o que conhecemos, porque dos judeus é que vem a salvação. Mas a hora vem, e agora é, quando os verdadeiros adoradores hão de adorar o Pai em espírito e verdade, porque é assim que o Pai quer que o adorem. Deus é espírito, e em espírito e verdade é que o devem adorar os que o adoram". E a mulher lhe disse: "Eu sei que está a chegar o Messias, e quando ele vier nos anunciará todas as coisas". E lhe disse Jesus: "Sou eu, que falo contigo".

Chegaram então os discípulos de Jesus, estranhando que ele estivesse falando com uma mulher. E a mulher pegou o seu cântaro e se foi para a cidade, dizendo a todos que Jesus havia dito tudo o que ela havia feito, e perguntando se não seria ele o Messias. E muitos saíram da cidade e foram até Jesus. E ele ficou dois dias naquela cidade, e por sua palavra muitos creram nele.

Esta passagem e este fenômeno não é considerado a rigor milagre, mas denuncia uma faculdade paranormal em Jesus, a leitura do pensamento e dos registros da vida da pessoa. Muitos videntes modernos, tarólogos e cartomantes possuem esta faculdade, e dizem aos que os consultam muitas coisas referentes à sua vida passada e presente, e algumas vezes também futura. Isto, portanto, não é tão extraordinário e incomum, e não é milagre. Jesus podia conhecer não só os pensamentos das pessoas ao seu redor como saber o seu passado, e neste caso ele viu o passado da mulher samaritana, e lhe disse que ela havia tido cinco maridos, e que o atual não era seu marido. Só os profetas naquele tempo costumavam ver o passado ou o futuro das pessoas e dizer-lhes sem serem consultados.

VISÃO DO FUTURO INDIVIDUAL

Jesus prevê a traição de Judas

Conta-nos João (cap.13) que Jesus, após a ceia, a última, em Jerusalém, tirou as roupas, pegou uma bacia com água, e também uma toalha, e começou a lavar os pés dos discípulos. Quando chegou em Pedro, ele não quis que Jesus lhe lavasse os pés, mas Jesus então lhe disse: "Se eu não te lavar, não terás parte comigo". Então Pedro lhe disse: "Senhor, não somente os pés, mas também as mãos e a cabeça". E Jesus lhe falou: "Aquele que está lavado não tem necessidade de lavar senão os pés, e no mais, todo ele está limpo. E vós outros estais limpos, mas não todos". E Jesus depois de dizer outras coisas, faz referência às escrituras, no que diz que aquele que comia o pão com ele contra ele levantaria o seu calcanhar, para falar assim de traição. E fala que sabia os que tinha escolhido, dando com isto a entender que havia discípulo que ele não havia escolhido. Depois diz claramente, emocionado: "Em verdade, em verdade vos digo, que um de vós há de me entregar". Os discípulos olharam uns para os outros, tentando saber quem havia de entregar Jesus. E João então, que estava recostado no peito de Jesus, após um sinal de Pedro interrogando-o sobre quem seria, perguntou a Jesus: "Senhor, quem é esse?", referindo-se ao traidor. E Jesus respondeu: "É aquele a quem eu der o pão molhado". E tendo molhado o pão, deu a Judas Iscariotes. E em seguida disse a Judas: "O que vai fazer, faça depressa". Mas nenhum discípulo entendeu com que propósito Jesus dizia aquilo a Judas. Pensaram que talvez Jesus estivesse mandando Judas comprar alguma coisa, já que era ele quem ficava com a bolsa de dinheiro, ou que o tivesse mandado dar algo aos pobres. E Judas, depois de receber o pão e ouvir as palavras de Jesus, saiu, sendo já noite.

Vemos claramente nesta passagem que Jesus sabia que Judas o trairia, entregando-o aos sacerdotes do Sinédrio. Isto é premonição, ou pré-cognição, ou seja, conhecimento prévio, antecipado, de um acontecimento ou fato antes de acontecer. Muitos videntes, cartomantes e tarólogos possuem esse dom, mas os textos dos evangelhos levam a crer que Jesus era excepcionalmente dotado dele.

Jesus sabia que Judas sairia da ceia e procuraria os sacerdotes para dizer onde ele poderia ser encontrado, e foi exatamente isso o que aconteceu. Sua previsão estava correta. E ele provavelmente já sabia há mais tempo que isto aconteceria, posto que captava os pensamentos das pessoas ao seu redor. E provavelmente Judas já pensava há algum tempo em entregar Jesus, não havendo no entanto elementos para se saber exatamente o que o levou a trair Jesus.

Jesus prediz a negação de Pedro

Conta-nos João (cap.13) que após Judas sair da casa onde estavam ceando, Jesus falou aos discípulos que ficaram: "Agora é glorificado o Filho do homem, e Deus é glorificado nele. Se Deus é glorificado nele, também a ele glorificará Deus em si mesmo, e glorificá-lo-á logo. Filhinhos, ainda estou convosco um pouco. Vós buscar-me-eis, e o que eu disse aos judeus, "vós não podeis vir para onde eu vou", isso mesmo vos digo agora. Eu vos dou um novo mandamento, que vos ameis uns aos outros, assim como eu vos amei, para que vós também mutuamente vos ameis. Nisto saberão todos que sois meus discípulos, se vos amardes uns aos outros". E Pedro lhe disse: "Senhor, para onde vais tu?". E Jesus respondeu: "Para onde eu vou não podes tu agora seguir-me. Mas seguir-me-ás depois. E Pedro insistiu: "Por que eu não posso te seguir agora? Eu darei a minha vida por ti". E Jesus lhe disse: "Hás de dar a tua vida por mim? Em verdade, em verdade te digo, que não cantará o galo sem que tu me negues três vezes".

Jesus também segundo essa passagem viu o futuro próximo, individual, de Pedro, que o negaria três vezes antes que o galo cantasse, ou seja, antes que o dia nascesse. Esse tipo de premonição não é comum, mas raro. Jesus viu as três negativas de Pedro naquela mesma noite, e associadas ao canto do galo, que se dá quando está para nascer o dia. E Jesus parecia conhecer muito sobre o futuro individual de seus discípulos, como também sobre o futuro coletivo de Israel.

LEITURA DOS PENSAMENTOS

Jesus capta os pensamentos de alguns escribas

Mateus (cap.9) relatou que certa vez, estando Jesus em sua cidade, lhe levaram um paralítico para que fosse por ele curado. E, após dizer Jesus ao paralítico que os pecados dele estavam perdoados, alguns dos escribas presentes disseram dentro de si, ou seja, pensaram secretamente: "Este blasfema". E relata Mateus que Jesus viu os pensamentos deles, o que o levou a dizer-lhes: "Por que cogitais mal no vosso coração? Que coisa é mais fácil dizer, perdoados são os teus pecados ou levanta-te e anda?". E para que eles soubessem que Jesus tinha poder sobre a Terra para perdoar os pecados, mandou que o paralítico se levantasse, pegasse seu leito (uma maca) e fosse para casa. E ele fez exatamente o que Jesus lhe ordenara, para espanto de todos, que temeram e glorificaram a Deus.

Esse caso é um exemplo típico do poder que Jesus possuía de captar os pensamentos das pessoas presentes. Isto não é exclusividade de Jesus, pois hoje há muitos videntes, tarólogos e cartomantes que possuem essa faculdade paranormal, essa sensibilidade. Trata-se de uma forma de percepção extrasensorial. Não é, no entanto, mediunidade, pois não há participação nem intervenção de forma alguma de uma outra entidade espiritual. É faculdade anímica, ou seja, da própria alma, que nesse caso percebe além dos limites dos cinco sentidos do corpo físico.

Jesus freqüentemente captava os pensamentos das pessoas, conforme veremos em outras passagens dos evangelhos.

Não se trata - esse fenômeno - exatamente de telepatia, porque nesta há transmissão voluntária do pensamento, que é captado pela pessoa para a qual, especificamente, é transmitido o pensamento. No caso relatado, Jesus adentrou a mente das pessoas e captou os pensamentos, ou simplesmente captou as ondas de pensamento que saíam das mentes das pessoas para o exterior. Isto demonstra que verdadeiramente não existem pensamentos totalmente ocultos. O Espiritismo sustenta que os espíritos desencarnados podem captar os pensamentos dos encarnados, o que também alguns encarnados podem fazer, como Jesus fazia.

CURAS

Considerações preliminares

A cura através da imposição das mãos já não é coisa desconhecida e tão fantástica, nem rara, ao menos em casos de doenças menos graves, e muitas vezes até mesmo em casos de câncer ela tem sido alcançada.

Desde o século dezenove, quando surgiu na França o Espiritismo, com Allan Kardec, vem-se realizando, principalmente no Brasil, neste século, muitas e muitas curas através de passes magnéticos, técnica espírita de cura. E há também já há algum tempo a utilização por parte da Igreja Messiânica do chamado jorei, também uma técnica de cura. E mais recentemente surgiu a técnica oriental do reiki. Todas essas técnicas têm uma coisa em comum, a imposição das mãos. Somente o tempo ou a forma de imposição das mãos, ou os movimentos é que variam. E os resultados estão aí para serem investigados.

Já tivemos oportunidade de acompanhar muitos e muitos casos de cura real, seja por meio do passe magnético espírita, seja por meio do reiki, ou por imposição das mãos sem técnica definida, mas com fé verdadeira.

Já trabalhamos com cura durante alguns anos, e já presenciamos várias curas, e tivemos mesmo oportunidade de curar alguns doentes, simplesmente por meio do passe ou imposição das mãos e oração com fé. Dores de cabeça, enxaquecas fortes, dores de barriga e outros problemas não muito graves já foram por nós aliviados ou totalmente curados. Isto comprova o poder da fé, e a existência de uma energia mais sutil no universo, que a ciência ainda não identificou.

A tradição da cura por imposição das mãos parece ter nascido na Palestina com Jesus, pois não temos conhecimento de sua utilização por outros povos, nem mesmo na Palestina antes de Cristo. Nenhum outro profeta de Israel curava os doentes, de Samuel, Elias, Isaías, até João Batista. O primeiro foi Jesus. E com ele seus discípulos aprenderam também a fazer o mesmo, e teriam recebido o poder do Espírito Santo. E depois os apóstolos saíram pelo mundo a curar os doentes impondo-lhes as mãos, como Jesus fazia.

Longos séculos se passaram depois da igreja primitiva, com a perda da prática da cura pela imposição das mãos. E somente com o surgimento do Espiritismo essa prática ressurgiu, mas dessa vez acompanhada de técnica, e chamada de passe magnético, pois derivava do passe mesmérico, criado por Mesmer.

Hoje a prática retorna com força total, e se dissemina pelo mundo, havendo já países, como a Inglaterra, que permitem aos médiuns curadores atuarem dentro de hospitais, portando carteiras de identificação de médium, porém sem tocarem no paciente, mas apenas impondo-lhes as mãos a uma certa distância do corpo.

Não obstante essa prática que ressurge, não existiu desde o século dezenove até os dias atuais nenhum curador, médium de cura ou curandeiro de qualquer tipo ou corrente religiosa ou mística que tivesse um potencial de cura semelhante ao de Jesus, e que tivesse realizado em quantidade e diversidade as curas que ele produziu. E dentre os filósofos, místicos de todas as correntes espiritualistas e religiosos de todas as religiões que já existiram nunca houve um curador como Jesus.

Pitágoras, Tales, Demócrito, Heráclito, Platão, Sócrates e Aristóteles, nenhum desses filósofos efetuava cura por imposição de mãos na antiga Grécia. Crisna, Buda, Mahavira, Rama, ou qualquer outro místico indiano ou das redondezas também não curavam os doentes impondo-lhes as mãos. Lao-Tsé, Confúcio e Fo-Hi na China também não curavam por imposição das mãos. Maomé não curava, Moisés não curava, Abraão não curava. Tudo isso faz de Jesus um caso inteiramente à parte e especial no capítulo dos curadores que já existiram no mundo e que a história registrou. Por isso ele é tão importante como referencial de curador.

Vejamos as curas produzidas por Jesus e registradas nos evangelhos.

Cura de um leproso

Mateus, a partir do capítulo 8, relatou diversas curas produzidas por Jesus. Registrou ele que, logo após Jesus descer do monte onde acabara de proferir o famoso sermão da montanha, muita gente do povo o seguiu, e chegou a Jesus um leproso a adora-lo e lhe disse: "Se tu queres, Senhor, bem me podes limpar". E Jesus, estendendo a mão, o tocou, e disse: "Pois eu quero. Fica limpo". E logo ficou limpa toda a sua lepra. E Jesus lhe disse que não dissesse a ninguém, mas que fosse se mostrar ao sacerdote, e que fizesse a oferta que ordenou Moisés, para servir de testemunho aos sacerdotes.

Esse relato, da forma como escrito pelo evangelista (Mateus, cap.8), não dá margem a dúvidas. Jesus apenas estendeu a mão e tocou no leproso, e imediatamente ele ficou limpo, o que significa dizer que a lepra o deixou de imediato, desaparecendo rapidamente, talvez mesmo de forma instantânea do corpo do leproso. Do contrário, não teria Jesus mandado o leproso se apresentar ao sacerdote como testemunho de seu ato. A cura não se deu depois de horas ou dias, nem depois de longo tratamento, mas imediatamente. Isto é surpreendente, fantástico, e não encontra similar em qualquer outro curador que já existiu. E, além disso, a ciência deste final de século ainda é inteiramente impotente para explicar como essa cura pode ter acontecido. Só acreditando num poder superior, ainda incompreensível para o homem, encontraremos o consolo para a nossa ignorância e limitação de conhecimentos acerca do universo e de Deus.

Cura do criado do centurião

Ainda no capítulo 8, Mateus conta que Jesus, ao entrar em Cafarnaum, foi abordado por um centurião romano, a dizer-lhe: "Senhor, o meu criado jaz em casa doente de uma paralisia, e padece muito com ela". E Jesus lhe disse: "Eu irei, e o curarei". Mas o centurião lhe disse: "Senhor, eu não sou digno de que entres na minha casa, porém manda-o só com a sua palavra, e o meu criado será salvo, pois também eu sou homem sujeito a outro, que tenho soldados sujeitos às minhas ordens e digo a um vai acolá, e ele vai, e a outro vem cá, e ele vem, e ao meu servo faça isso, e ele faz". E Jesus se admirou das palavras do centurião, e disse para os que o seguiam: "Em verdade vos afirmo que não encontrei tamanha fé em Israel. Digo-vos, porém, que muitos virão do Oriente e do Ocidente, e que terão lugar com Abraão, e Isac e Jacó no reino dos céus, mas que os filhos do reino serão lançados nas trevas exteriores, e ali haverá choro e ranger de dentes". E disse Jesus então depois ao centurião: "Vai, e faça-se segundo tu creste". E naquela mesma hora ficou são o criado.

Essa passagem mostra como Jesus não discriminava os romanos, e curava-os também, e a seus servos, como nesse caso. E não se importava de ir na casa dos romanos e comer com eles, não se sentindo com isso impuro, como pensavam os judeus. Jesus se impressionou com a grande fé do centurião romano, posto que os romanos eram normalmente "pagãos", politeístas e idólatras. Mas o centurião que o procurou tinha fé nele, e no seu poder de cura, e acreditava que mesmo sem Jesus ir em sua casa, se ele quisesse, poderia curar seu servo apenas com a sua vontade. E Jesus realizou a cura apenas com a vontade, à distância, e sem mesmo ver quem estava doente, ao menos com os olhos da carne. Algo saiu dele, alguma energia, que foi até o doente de paralisia, e o curou de imediato. Essa cura também não encontra ainda explicação científica, sendo um completo mistério para nós, e demonstra o poder de cura excepcional de Jesus Cristo.

Cura da sogra de Pedro

Logo em seguida, conta-nos ainda Mateus, no mesmo capítulo 8, que Jesus, depois de deixar o centurião, ainda em Cafarnaum, foi à casa de Pedro, e, lá chegando, viu que a sogra de Pedro estava de cama, com febre. Jesus tocou-lhe a mão e a febre a deixou, e ela se levantou e se pôs a servi-los. Essa cura é uma imensa demonstração do poder energético de Jesus. Já vimos e até mesmo já fizemos febres baixarem e até mesmo desaparecerem após algum tempo de imposição de mãos. Contudo, de imediato, apenas com o toque da mão, não conhecemos nenhum caso. A febre é a elevação da temperatura do corpo, como defesa do organismo, que eleva a temperatura para que as defesas trabalhem melhor. E ela surge lenta e progressivamente, e também, seja qual for o método de tratamento com medicamentos ou por meio de técnicas de imposição de mãos e orações, a temperatura do corpo só lentamente se regulariza. O impressionante, e surpreendente, nesse caso, é a rapidez do efeito do toque de Jesus na doente.

Cura de um paralítico

Conta-nos Mateus (cap.9) que Jesus, após entrar em uma barca e passar à sua cidade, do outro lado do Mar da Galiléia, lhe apresentaram um paralítico que jazia em um leito. E vendo Jesus a fé daqueles que lhe levaram o paralítico, disse a este: "Filho, tem confiança, teus pecados estão perdoados". E logo alguns escribas disseram dentro de si: "Este blasfema". E como visse Jesus os pensamentos deles, disse: "Por que cogitais mal nos vossos corações? Que coisa é mais fácil dizer, teus pecados são perdoados ou levanta-te e anda?". E para que soubessem que ele, Jesus, o Filho do Homem, como se chamava, tinha poder sobre a Terra de perdoar pecados, disse ao paralítico: "Levanta-se, toma o teu leito, e vai para tua casa". E o paralítico se levantou e foi para casa. E vendo isto, as pessoas temeram, e glorificaram a Deus, que deu tal poder aos homens.

É mais um caso de cura imediata, fantástica, e de um caso de paralisia, sem que saibamos no entanto a causa da paralisia. Contudo, seja qual for a causa, a cura imediata é sempre algo extraordinário. Quem, além de Jesus, já teve esse poder na Terra? Não temos conhecimento de nenhum caso. E nesse caso Jesus sequer impôs as mãos sobre o doente, mas apenas ordenou que se levantasse, pegasse o seu leito, que deveria ser uma maca, e fosse para casa. E antes havia perdoado os seus pecados, o que pode demonstrar que os pecados estavam associados à paralisia, à doença, denunciando com isso, talvez, uma ligação de causa e efeito.

Não há ainda explicação científica para esse fenômeno.

Cura de uma mulher com hemorragia

Ainda no capítulo 9 Mateus nos conta que certa vez um príncipe procurou Jesus e lhe pediu para que fosse pôr a sua mão sobre sua filha que acabara de morrer, e quando iam a caminho, uma mulher que padecia de um fluxo de sangue, uma hemorragia, há doze anos, se chegou por trás de Jesus e lhe tocou o vestido. E Jesus se voltou para ela e lhe disse: "Tem confiança, filha, a tua fé te sarou". E a mulher ficou sã a partir daquela hora.

As palavras registradas de Jesus dão a entender que a mulher ficou curada quando tocou as vestes de Jesus, e não depois que ele se virou e lhe falou. E a cura se deu em razão da fé da mulher. Isto mostra que Jesus irradiava uma energia potentíssima de seu corpo, que vinha de dentro, do corpo espiritual e do espírito. É o que hoje se chama de aura. A de Jesus certamente era muito expandida, devido ao seu grau de elevação espiritual e seu contato permanente com o Pai, com Deus. Bastava um simples toque em sua roupa para que o seu poder energético curasse, mas isso dependia também da fé do doente, como ele mesmo sempre esclareceu. Seu magnetismo era extraordinariamente forte, o que é quase totalmente inapreensível para nós. Conhecemos inúmeros casos de cura pelo poder magnético, mas em tratamento prolongado, na maioria das vezes, ou no mínimo através de imposição das mãos por vários minutos. Cura imediata, desconhecemos casos, ainda mais com o simples toque da veste do curador. Parece que só Jesus tinha tanto poder magnético.

Cura de dois cegos

Conta-nos Mateus (cap.9) que estando Jesus caminhando na estrada, o seguiram dois cegos, dizendo: "Tem misericórdia de nós, filho de Davi". Mas Jesus não os atendeu na estrada. E assim que chegou em uma casa, vieram a ele os cegos. E Jesus lhes perguntou: "Acreditam que posso fazer isto a vocês?". E eles responderam: "Sim, Senhor". E então Jesus lhes tocou os olhos dizendo: "Faça-se segunda a vossa fé". E imediatamente foram abertos os seus olhos. E Jesus os ameaçou dizendo: "Vejam lá que não saiba ninguém". Jesus não queria que eles divulgassem a cura. Mas eles divulgaram por toda aquela terra o seu nome.

A demora em atender os cegos deve ter tido um objetivo, talvez o de testar a fé deles. Jesus não costumava demorar em atender aqueles que tinham fé inabalável e forte, o que ele sentia logo. Vemos que neste caso os cegos, mesmo tendo Jesus ordenado em tom ameaçador que não divulgassem o que havia feito, mesmo assim saíram a divulgar, o que demonstra uma imperfeição de caráter, e que não sabiam guardar segredo, mesmo quando quem lhes ordenou segredo foi aquele que lhes devolveu a visão. Mas o mais importante é também aqui a imediatidade da cura, que se operou tão-logo Jesus tocou nos olhos dos cegos, como fez em outros casos. Jesus simplesmente os tocou e disse: "Faça-se segundo a vossa fé", e os cegos imediatamente passaram a enxergar, pois seus olhos foram abertos. Não conhecemos caso semelhante em toda a história da humanidade. Esse poder de cura de Jesus realmente era surpreendente. E a ciência também não explica esse fenômeno.

Cura de um mudo possuído por um espírito

Ainda no mesmo capítulo 9 Mateus relata um caso de um mudo que foi apresentado a Jesus, e que estava possuído do demônio. Jesus expeliu o demônio e o mudo falou, para admiração das pessoas, que disseram: "Nunca se viu tal coisa em Israel".

Nunca nenhum profeta em Israel curou as pessoas portadoras das várias doenças. Jesus foi o primeiro a apresentar esse poder.

Nesse caso do mudo, é provável que o demônio, na verdade apenas um espírito, era a causa da mudez da pessoa. A possessão deve ter levado à mudez, talvez até mesmo proposital. Não devia haver causa física para a mudez. Assim, com a expulsão do espírito, a causa da mudez cessou, e o mudou pôde voltar a falar. As questões relacionadas à possessão serão melhor abordadas no capítulo próprio, a ela destinado.

Várias passagens dos evangelhos mostram a cura de várias pessoas em um mesmo lugar, de forma seguida, como no capítulo 12 do evangelho de Mateus, porém sem especificar quais os males e a forma de cura.

Cura de um cego e mudo possesso

No mesmo capítulo (9), Mateus relata que levaram a Jesus um possesso cego e mudo, e ele o curou, passando a pessoa a ver e a falar, e as pessoas ficaram pasmadas, e diziam: "Porventura é este o filho de Davi?".

Esse caso também mostra que não devia haver causa física para a cegueira e a mudez, mas que o espírito que possuía a pessoa era o causador da cegueira e da mudez. E assim, quando foi expelido o espírito, cessou a causa da cegueira e da mudez, e a pessoa voltou a ver e a falar.

Esses casos são diferentes daqueles em que as pessoas eram cegas de nascença. Eles mostram sempre que a causa da limitação dos sentidos está na presença do espírito que está a possuir a pessoa, dominando-a, enquanto nos outros casos o problema era apenas físico. Em um, a doença que se apresentava no físico era de origem espiritual, mas no outro a origem estava na imperfeição da matéria, do corpo, desde o nascimento.

Cura de dois cegos

Conta-nos Mateus (cap.20) que, ao saírem de Jericó, muita gente seguia Jesus. E havia dois cegos que estavam sentados junto à estrada, que, ouvindo dizer que Jesus passava por ali, começaram a gritar, dizendo: "Senhor, filho de Davi, tem compaixão de nós". E as pessoas mandavam que eles se calassem. Porém eles gritavam cada vez mais, dizendo: "Senhor, filho de Davi, tem compaixão de nós". E então Jesus parou, e os chamou, dizendo: "Que quereis que vos faça?". E eles responderam: "Que sejam abertos os nossos olhos, Senhor". E Jesus sentiu compaixão deles, e lhes tocou os olhos. E no mesmo instante passaram a ver, e o seguiram.

Aqui neste caso, como em muitos outros, a cura foi imediata, instantânea. Jesus apenas tocou os olhos dos dois cegos, e instantaneamente eles começaram a enxergar. Não se sabe qual era a causa da cegueira, o que a produziu, nem se ela era de nascença ou veio depois de certo tempo de vida. Mas o certo é que Jesus com o seu grande poder magnético, fluídico, energético, ou seja lá de que tipo fosse, os curou, interferindo na matéria corpórea de forma instantânea. Isto é extraordinário, surpreendente, e ainda inexplicável para a ciência atual.

Cura de um homem com a mão ressecada

Conta-nos Marcos (cap.3) que Jesus entrou em uma sinagoga onde havia um homem com uma das mãos ressecada, e os judeus o observavam para ver se ele curaria o homem, para então o acusarem, e isto porque era um dia de sábado. E Jesus, captando os pensamentos daqueles que o queriam testar, disse ao homem da mão ressecada: "Levanta-te e vai para o meio". E quando o homem chegou no meio dos demais, disse para todos: "É lícito em dia de sábado fazer bem ou mal, salvar a vida ou tira-la?". E todos ficaram em silêncio, sem responder. E Jesus, olhando ao redor com indignação, mas condoído da cegueira de seus corações, disse ao homem que estava no meio: "Estende a tua mão". E o homem estendeu a mão ressecada, e ela foi imediatamente restabelecida. E os fariseus, saindo dali, entraram logo em conselho com os herodianos contra Jesus, para ver como haviam de arruiná-lo.

Este é mais um caso de cura instantânea de Jesus, e sem tocar no doente. Ele tão-somente mandou o homem estender a mão, e ela imediatamente ficou boa. Tal poder nunca havia sido visto antes em qualquer povo, e ainda não foi visto até o tempo presente. Não existem curadores no mundo com essa soma de poder. E a ciência ainda não pode explicar como esse tipo de cura imediata, com alteração do estado da matéria pode se dar.

Cura de um surdo-mudo por meio da saliva e dos dedos

Conta-nos Marcos (cap.7) que Jesus, após deixar a cidade de Tiro, e passar através de Sidônia, indo para o Mar da Galiléia, quando passava pelo território de Decápolis lhe levaram um surdo-mudo, rogando-lhe que lhe pusesse a mão. E então Jesus, tirando-o do meio do povo, e levando-o para lugar afastado, meteu-lhe os dedos nos ouvidos. Depois cuspiu, e pôs sua saliva na língua do surdo-mudo. Depois levantou os olhos ao céu, deu um suspiro e disse-lhe: "Ephphetha", que quer dizer *abre-te*. E no mesmo instante se abriram os ouvidos, e se soltou a prisão da língua, e a pessoa pôs-se a falar fluentemente. E Jesus mandou-lhe que não dissesse nada a ninguém. Porém quanto mais Jesus ordenava o silêncio quanto aos seus atos de cura, mais ele era divulgado. E as pessoas se admiravam e diziam: "Ele tudo tem feito bem. Fez não só que ouvissem os surdos, mas que falassem os mudos".

Vemos neste caso, como em outros poucos descritos nos evangelhos, Jesus usar as mãos e a saliva para processar a cura. Com os dedos ele pode ter desobstruído o canal dos ouvidos, havendo neles algum obstáculo material, físico, à audição normal. Não houve quanto aos ouvidos mera intervenção energética, nem simplesmente o comando da vontade pela palavra dita, mas houve também "intervenção cirúrgica" utilizando-se os dedos como instrumento, como alguns curadores ou curandeiros fazem em nossos dias. E quanto à língua, usou Jesus sua saliva para soltá-la. Podia haver um freio lingual impedindo a fala, o que teria sido retirado com a colocação da saliva, em processo inexplicável para a ciência atual. Ainda não temos a capacidade, por falta de elementos científicos, de explicar como esse tipo de cura se processou exatamente. Mas este caso nos mostra a variedade de formas de cura usadas por Jesus.

Cura de um cego por meio da saliva

Conta-nos Marcos (cap.8) que Jesus e seus discípulos foram para Betsaida, e lá lhe apresentaram um cego, e lhe rogavam que o tocasse. Jesus então tomou o cego pela mão e o levou para fora da aldeia. Cuspiu-lhe nos olhos e lhe impôs as mãos, e perguntou se ele via alguma coisa. O cego levantou os olhos e disse: "Vejo os homens como árvores que andam". E Jesus tornou a pôr suas mãos sobre seus olhos, e então o cego começou a ver, ficando totalmente curado, vendo distintamente todos os objetos. Então Jesus o mandou ir para casa, dizendo-lhe: "Vai para tua casa, e se entrares na aldeia não conte a ninguém".

Este é um caso totalmente diferente de cura produzida por Jesus. Nele não se vê a costumeira imediatidade, a instantaneidade da cura.

Neste caso, Jesus preferiu efetuar a cura em separado, sem que houvesse pessoas observando, excetuando-se seus discípulos, talvez porque pudessem atrapalhar, ou porque não entenderiam o seu procedimento de cura naquele caso.

Jesus cuspiu nos olhos do cego, utilizando neste caso a saliva como meio de transmissão de sua energia curadora, como noutros casos. E a visão inicialmente surgiu turva, embaçada, incompleta. E só depois de tornar a pôr as mãos nos olhos do cego foi que ele começou a ver claramente, nitidamente, todas as coisas.

Este tipo de relato de procedimento de cura, se tomado como autêntico e verídico (e nós o tomamos), não deixa nenhuma margem para dúvida quanto à cura física efetiva. Não se pode neste caso defender ou sustentar a idéia de que a visão de que fala o evangelista é a visão mental, a clareza de entendimento etc. Não se trata de cegueira no sentido figurado, metafórico. Trata-se, sim, e claramente, de cegueira mesmo, como defeito e limitação de um dos sentidos humanos, a visão.

Há duas etapas no procedimento de cura adotado por Jesus. Após a primeira, a visão surge, mas ainda incompleta, defeituosa, turva, como se o cego recobrasse a visão mas ficasse com grande miopia. E após a segunda, o cego passa a enxergar claramente tudo.

Hoje a medicina já consegue em muitos casos devolver a visão a um cego, como nos casos de transplante de córnea. Mas isto é feito através de complexa cirurgia em hospital, não ao ar livre, com saliva e toque de mão, como Jesus fez. Este método jamais foi empregado com sucesso por qualquer outro curador na história, nem mesmo no século XX, no qual abundaram curadores e curandeiros por todo o mundo. E não se pode comparar este tipo de cura produzida por Jesus com as chamadas curas por meio de "cirurgia espiritual" ou mediúnica.

A ciência está longe de compreender e explicar o processo de cura adotado por Jesus.

Cura de um homem hidrópico

Conta-nos Lucas (cap.14) que Jesus certa vez estava na casa de um príncipe fariseu tomando uma refeição em dia de sábado, sendo observado por todos os presentes. Havia entre eles um homem que sofria de hidropisia. Jesus de repente dirigiu a palavra aos doutores da lei e fariseus e lhes fez a seguinte pergunta: "É permitido fazer curas em dia de sábado?". Ninguém respondeu, permanecendo todos calados. Então Jesus, pegando no homem, o curou, e o mandou embora. E em seguida dirigiu novamente a palavra aos presentes, dizendo: "Quem há dentre vós que se o seu jumento, ou o seu boi cair num poço em dia de sábado não o tire logo no mesmo dia de lá?". E eles não puderam replicar essa colocação de Jesus.

Jesus estava sempre ensinando, e muitas vezes contestava as leis antigas, quando elas deveriam ser revistas e atualizadas, como a questão do trabalho no sábado. Por isso nessa passagem Jesus aproveitou que era um dia de sábado e levantou a questão, e efetuou a cura do hidrópico, mas não antes de perguntar se era permitido fazer cura em dia de sábado e não receber resposta alguma.

Hidropisia é acumulação de serosidades no tecido celular ou numa cavidade do corpo. Ao simplesmente pegar, ou tocar no homem, Jesus de forma rápida, imediata, deve ter eliminado não só a serosidade acumulada em seu corpo como também deve ter extinguido a causa dessa acumulação. A ciência médica de nossos dias não é capaz de fazer isso rapidamente, nem utilizando-se de medicamentos, e não conhecemos curadores com esse poder. Mais uma vez fica patente neste caso a instantaneidade da maioria das curas de Jesus, o que as tornam mais fantásticas e impressionantes, a comprovar a sua superioridade espiritual.

A cura de dez leprosos

Conta-nos Lucas (cap.17) que Jesus estava indo para Jerusalém, passando pela Galiléia e Samaria. Ao entrar em uma aldeia, dez homens leprosos saíram de suas casas e se puseram de longe a falar em voz alta: "Jesus, Mestre, tem compaixão de nós". E Jesus, assim que os viu, e ouviu o que disseram, lhes disse: "Ide mostrar-vos aos sacerdotes". E quando eles estavam a caminho para fazer o que lhes foi ordenado, ficaram limpos da lepra. E um deles, quando viu que havia ficado limpo, voltou atrás, engrandecendo a Deus em altas vozes. E foi se lançar aos pés de Jesus com o rosto em terra, dando-lhe graças. Esse homem que voltou era samaritano. E Jesus disse então: "Não é assim que todos os dez ficaram curados? Onde estão os outros nove? Não se achou quem voltasse, e viesse dar glória a Deus, salvo apenas este estrangeiro". E disse então ao único homem que voltou: "Levanta-te e vai, porque a tua fé te salvou".

Este é um caso diferente dos demais de cura de Jesus. Ele não produziu a cura de imediato em nenhum leproso. Nem disse a eles que seriam curados, mas apenas mandou que fossem se mostrar aos sacerdotes. E somente quando já iam a caminho notaram que estavam limpos da lepra. Todos ficaram limpos, independentemente de ter apenas um voltado para dar graças a Deus e se lançar aos pés de Jesus.

O retorno do único homem que padecia de lepra não deve ter demorado, pois Jesus ainda estava na aldeia, e o texto de Lucas dá a nítida impressão de que o tempo foi curto, e que Jesus aproveitou para dar uma lição a todos os presentes. Isto mostra que o desaparecimento das feridas decorrentes da lepra (o ficar limpo) se deu em curto tempo, enquanto os leprosos caminhavam para se mostrarem aos sacerdotes. Este tipo de cura, à distância, sem toque nem imposição das mãos, é ainda mais intrigante e fantástica do que aquelas em que há o toque ou a imposição das mãos por parte de Jesus. Não há ainda recurso médico para uma cura da lepra tão rapidamente, com o completo desaparecimento de feridas em alguns minutos apenas. E desconhecemos curadores que façam isso.

Cura da orelha cortada de um guarda no Getsemani

Conta-nos Lucas (cap.22) que no momento em que Jesus estava para ser preso no Jardim das Oliveiras, assim que Judas o identificou com um beijo, vendo seus discípulos o que iria acontecer, a prisão, quiseram lutar para defendê-lo, dizendo a Jesus: "Senhor, firamo-los à espada?". E um deles deu um golpe num servo do sumo pontífice, cortando-lhe a orelha direita. E Jesus nesse momento disse a seus discípulos: "Deixai-os, basta". E tocou na orelha do servo, curando-o.

O momento em que esse fato aconteceu sucedeu momentos de extrema aflição de Jesus no Getsemani, na antevisão do que passaria nas próximas horas, e da forma de morte que teria. Já esperava por Judas e os demais que o acompanhava. Mas nem o conhecimento antecipado dos fatos terríveis que estavam para acontecer, nem a presença dos que foram lhe prender, nem a angústia interior, tiraram de Jesus o amor ao próximo, a compaixão, o desejo de ajudar, e a tranqüilidade para naquele momento curar o servo, que sabia estar ali apenas a mando, para cumprir ordens, não sendo na verdade sequer responsável pelo que fariam a ele, Jesus.

O texto de Lucas não entra em detalhes quanto a ter Jesus colocado de volta no seu devido lugar a orelha que havia sido cortada, nem se apenas foi estancado o sangue que deve ter corrido. Seja como for, ainda que tivesse sido apenas estancado o sangue, de forma imediata com o simples toque, isto já é fantástico. E se a orelha foi recolocada no lugar e voltou ao seu estado normal, ainda mais fantástica seria a cura produzida. Quem poderia fazer isto? Em nossos dias, somente uma cirurgia demorada de reimplante do órgão extirpado poderia garantir isso, e se feito por cirurgião plástico competente. E o estancamento do sangue não se faz tão rapidamente sem que se costure o corte.

A cura como neste caso é única nos evangelhos, pois decorre de ferimento. Os outros casos relatados pelos evangelistas são de curas de doenças antigas, como hemorragia, lepra, mão ressecada, hidropisia e outros, ou doenças de nascença, como cegueira, surdez, mudez, aleijões etc.

Cura de um jovem doente em Caná

Conta-nos João (cap.4) que Jesus foi uma segunda vez a Caná, na Galiléia, onde havia transformado água em vinho, e lá um senhor da corte lhe procurou, rogando-lhe que curasse seu filho, porque ele estava morrendo. E Jesus lhe disse: "Vós, se não vedes milagres e prodígios, não credes". E o homem lhe disse: "Senhor, vem antes que meu filho morra". E Jesus então lhe disse: "Vai, que teu filho vive". E o homem, dando crédito ao que dissera Jesus se foi. E quando ia andando para casa, vieram os seus criados ao encontro e lhe disseram que seu filho vivia. E o homem lhes perguntou a que horas seu filho melhorara, no que responderam que havia sido na sétima hora do dia anterior. A febre havia passado. E o homem percebeu que a febre passou exatamente na mesma hora em que Jesus disse que ele vivia, e que fosse embora. Este foi o segundo milagre de Jesus na Galiléia.

Percebe-se neste caso que Jesus sentia a dureza dos corações das pessoas daquela região, ao dizer que se não vissem milagres e prodígios não acreditariam. Talvez por isso a abundância de curas e outros fenômenos produzidos em público por Jesus, para tocar os corações duros das pessoas do seu tempo, porque ele tinha compaixão. Ele percebeu a dureza do coração e a dificuldade do homem que lhe procurou em acreditar, mas nem por isso deixou de curar seu filho. E a prova de que o homem era um cético se confirmou na estrada, a caminho de casa, ao indagar os servos acerca da hora em que seu filho melhorara, para saber se de fato tinha algo a ver com Jesus e suas palavras. Ele deu crédito a Jesus inicialmente, mas ainda assim queria ter certeza depois, de que de fato fora Jesus quem curara seu filho. Depois, então, ao saber da cura, creu, e também toda a sua família.

Este é um caso de cura sem toque ou imposição de mãos, mas apenas com a vontade, que deve ter feito dele emanar energia curadora em direção ao doente, não sabendo Jesus onde ele se encontrava, nem em que estado, ou o que ele tinha, pelo menos através de comunicação de seu pai. Isto é algo verdadeiramente fantástico, e não há outro na história que tivesse feito assim, que tivesse esse mesmo tipo de poder e segurança, para dizer a alguém que o doente estava bom sem sequer vê-lo ou saber o que ele tinha.

Esse poder e a forma de cura neste caso são totalmente inexplicáveis pela ciência moderna neste final de século.

Cura de um homem na piscina de Jerusalém

Conta-nos João (cap.5) que Jesus foi a Jerusalém, para participar de uma festa judia, e lá se dirigiu à piscina da cidade, onde uma grande multidão de doentes, como coxos, cegos, pessoas com membros ressecados e outros tipos de doenças esperando a água se mover, porque acreditavam que em certo momento um anjo apareceria e faria a água se mover, e o primeiro que entrasse na água ficaria curado, seja qual fosse o tipo de doença que tivesse. E havia no lugar um homem que estava doente há trinta e oito anos. E Jesus, assim que o viu, e ao saber o tempo em que ele se encontrava doente, perguntou-lhe: "Queres ficar são?". E o doente lhe respondeu: "Senhor, não tenho homem que me meta no tanque quando a água for movida. E quando eu me vou, outro entra primeiro do que eu". E Jesus lhe disse: "Levanta-te, toma a tua cama e anda". E no mesmo instante ficou são aquele homem, e pegou a sua cama e começou a andar.

O evangelista não informa que tipo de doença tinha o homem que Jesus curou, mas pelo tempo em que ele jazia no leito doente, trinta e oito anos, deveria ser algo muito grave, e certamente sem cura na época. Jesus sentiu compaixão dele, não só pelo tempo em que estava doente, mas também porque não havia ninguém que o levasse até a piscina para tentar ficar curado, segundo a crença popular. A espera do homem era longa, e também longo era já o seu sofrimento. Uma vida.

Jesus não tocou no homem, nem lhe impôs as mãos, mas apenas lhe ordenou que se levantasse, pegasse a sua cama e andasse. Naquele momento em que disse isso, o homem já estava curado. A simples presença de Jesus com sua energia, que dele naturalmente irradiava, e sua vontade de curar o homem bastaram para que ele fosse curado da enfermidade imediatamente. Que outra pessoa tem esse poder atualmente? E qual já teve no passado, além de Jesus?

A ciência não explica esse fenômeno surpreendente e extraordinário. Um milagre, portanto.

Cura de um cego de nascença

Conta-nos João (cap.9) que, estando Jesus passando em certo local, viu um homem que era cego de nascença, e nesse momento seus discípulos lhe perguntaram: "Mestre, que pecado cometeu este homem, ou cometeram seus pais para que nascesse cego?". E respondeu Jesus: "Não foi por pecado por ele cometido nem por pecados de seus pais, mas para que se manifestassem nele as obras de Deus. Importa que eu faça as obras daquele que me enviou enquanto é dia. A noite vem, quando ninguém pode obrar. Eu, entretanto, que estou no mundo, sou a luz do mundo". Dito isto, Jesus cuspiu no chão, e fez lodo do cuspe, e untou com lodo os olhos do cego, e lhe disse: "Vai e lava-te na piscina de Siloé". E o cego foi até a piscina e se lavou, e voltou até Jesus vendo.

Vemos neste caso também a utilização de saliva de Jesus na cura, mas misturada com terra. E a mistura foi passada nos olhos do cego, provavelmente esfregada. Não sabemos porque essa mistura de terra e saliva devolveu a visão ao cego, nem como, nem que tipo de cegueira ele tinha. E a ciência não pode explicar essa cura, como muitas outras. Nenhum médico usa esse método de cura, nem nenhum curador ou curandeiro.

MATERIALIZAÇÃO

Considerações preliminares

Hoje não parece tão estranho e fantástico para algumas pessoas a materialização de uma rosa ou de um outro objeto qualquer pequeno, ou o chamado transporte de objetos. Contudo, quando se fala em materialização ou transporte de milhares de objetos ao mesmo tempo, aí a estória soa mesmo fantástica.

Já assisti uma materialização integral de um espírito em meu quarto, quando tinha vinte anos, conforme relato em outro livro. Já vi um copo se movimentar na mesa em que estava estudando para o vestibular. Já ouvi pancadas em madeira sem causa física aparente. Mas nunca vi materialização de objetos, nem transporte.

É importante fazer a distinção entre materialização e transporte. Neste último, é transportado um objeto ou ser vivo que existe em algum lugar na mesma dimensão física, para outro lugar, podendo penetrar em uma casa fechada, atravessando a parede. Como isto é feito ainda é um mistério. O Espiritismo tenta explicar, mas ainda acho insuficiente e superficial a explicação. Pode ser que quem faz o transporte consiga por algum processo mental e energético afastar um pouco as moléculas e os átomos da matéria, permitindo a sua invisibilidade para os olhos humanos, e permitindo também com isso que o objeto atravesse um obstáculo como uma parede. Isto, para mim, por enquanto, é apenas uma teoria, que me foi apresentada por um espírito. Já na materialização, o que é materializado, no caso, um objeto, não tem existência nesta dimensão física. Talvez existisse em outra dimensão, dita espiritual por alguns.

Primeira multiplicação dos pães

Na primeira multiplicação dos pães realizada por Jesus, conforme relata Mateus (cap.14), pode ter havido o transporte de matéria, ou seja, o transporte de peixes e pães de outro lugar na dimensão física, ou pode ter havido a materialização pura e simples dos alimentos, que antes não existiam nesta dimensão. Se houve transporte de pães, eles teriam sido furtados de alguém que os produziu em algum lugar, o que não se coaduna com o comportamento de Jesus. Assim, o mais provável é que ele tenha materializado os pães e os peixes, utilizando a matéria universal, os átomos existentes no planeta, posto que no fundo a matéria tem a mesma origem. Um poder extraordinário, incompreensível para nós, pode ter agrupado átomos e moléculas e dado a forma que queria, com cheiro e sabor, no caso, pães e peixes.

Há quem interprete o relato de Mateus e dos demais evangelistas como sendo uma brincadeira de Jesus, ou que na verdade a multiplicação dos alimentos tem sentido figurado, alegórico. Mas acontece que quando Jesus queria falar por parábolas, ele o fazia. E quando queria falar claramente, também o fazia, sendo duas situações totalmente distintas. E os relatos dos milagres de Jesus nada tem a ver com parábolas. Assim como ele nesses momentos falava claramente, sem meias palavras e sem simbolismo, também seus discípulos escreveram exatamente o que viram e ouviram. Vejamos então exatamente o relato de Mateus.

No momento em que Jesus soube da morte de João Batista, que teve a cabeça cortada e entregue em uma bandeja a Salomé, entrou em uma barca e se retirou para um lugar deserto. Mas tendo as pessoas ouvido isto, saíram de suas cidades e foram ao seu encontro. Quando ele desembarcou em um ponto do Mar da Galiléia, havia uma grande multidão de gente a espera-lo, e ele teve compaixão das pessoas, e curou os seus enfermos. E chegando a tarde, seus discípulos disseram a Jesus: "Este lugar é deserto, e já é tarde. Deixa ir essa gente, para que, passando às aldeias, compre o que comer". Mas Jesus lhes disse: "Não têm elas necessidade de ir. Dai-lhes o que comer". E eles lhe disseram: "Temos aqui apenas cinco pães e dois peixes". E Jesus disse-lhes: "Tragam-me aqui". E depois de mandar as pessoas se recostarem sobre o feno, tomou os cinco pães e os dois peixes e, com os olhos no céu, partiu e abençoou os pães, e os deu aos discípulos, e estes deram ao povo. E comeram todos, e se saciaram. E do que sobrou, juntaram doze cestos cheios daqueles fragmentos. E o número dos que comeram foi cinco mil homens, sem falar em mulheres e meninos.

A não ser que não se acredite no relato, tendo-o por invenção para engrandecer Jesus, o que não é o nosso caso, somos forçados a concluir que houve mesmo a distribuição de pães e peixes em quantidade suficiente para alimentar mais de cinco mil pessoas nessa oportunidade, e a partir apenas de cinco pães e dois peixes. Teria havido de fato a materialização de pães e peixes.

A situação descrita pelo evangelista não permite que se entenda que houve sugestão verbal de Jesus às pessoas, depois que elas se recostaram, e que então sugestionadas acharam que comeram. E o argumento para isto é exatamente o texto de Mateus e dos demais evangelistas. Se tivesse havido sugestão, ou se a multiplicação de pães e peixes tivesse sido simbólica ou alegórica, não haveria necessidade de se escrever que com as sobras dos alimentos foram enchidos doze cestos. Sobra de quê, se tivesse havido apenas sugestão, ou se fosse tudo simbólico? E além disso, João (cap.6), no seu relato desse mesmo fenômeno, escreveu que depois de terem comido, as pessoas disseram: "Este é verdadeiramente o profeta que devia vir ao mundo". E Jesus, entendendo que as pessoas o iriam pegar para fazer rei, retirou-se para o monte sozinho.

Segunda multiplicação dos pães

Conta-nos Mateus (cap.15) que após sair Jesus da região de Tiro e Sidônia, onde estava, foi para a região do Mar da Galiléia, e, subindo em um monte, sentou-se. E então uma multidão de pessoas foi até ele, levando mudos, coxos, enfermos e muitos outros. E se lançaram a seus pés, e ele os sarou. E as pessoas se admiravam, vendo os mudos falarem, os coxos andarem, e os cegos enxergarem. E engrandeciam por isso Deus.

E Jesus chamou seus discípulos e disse: "Tenho compaixão dessas pessoas, porque perseveram comigo já há três dias, e não têm o que comer. E não quero despedi-los em jejum, para que não desfaleçam no caminho". E os discípulos lhe disseram: "Como poderemos achar neste deserto tantos pães, para fartar tão grande multidão de gente?". E Jesus lhes perguntou: "Quantos pães tendes vós?". E eles responderam: "Sete, e uns poucos peixinhos". Mandou Jesus então que as pessoas se recostassem sobre a terra. E tomando os sete pães e os peixes, deu graças e os partiu, e deu aos seus discípulos, e eles ao povo. E todos comeram, e se fartaram. E dos fragmentos que sobraram, levantaram sete cestos cheios. E os que comeram foram quatro mil homens, fora meninos e mulheres.

Vemos, após analisar anteriormente a primeira multiplicação dos pães, narrada pelo mesmo evangelista, que há diferenças entre as duas oportunidades. Na primeira, Jesus acabara de proferir o Sermão da Montanha, não tendo passado mais de um dia no local. Já na segunda, Jesus estava com a multidão há três dias, e fizera muitas curas, e disse que sentia compaixão e que não queria despedi-los em jejum, com medo que desfalecessem no caminho. E vemos que a quantidade de pães e peixes também é diferente, e também a quantidade de homens que comeram. Tratam-se, pois, de fato, de duas situações distintas, em dois momentos separados, em locais diferentes.

Pela narrativa, concluímos que não houve sugestão por parte de Jesus, nem tampouco alegoria, assim como na primeira multiplicação dos pães. Há indicativos de quantidade de pessoas, quantidade de pães, tempo de permanência com as pessoas no monte, a preocupação de Jesus com a fome das pessoas e em não deixa-las partir em jejum após três dias sem comerem. Não há a menor possibilidade de interpretação de que Jesus fez as pessoas acreditarem que estavam comendo e que estavam saciadas ao final. E não há indicativos de farsa. Assim, conclui-se que de fato Jesus materializou mais de quatro mil pães, além de peixes, e já pela segunda vez, segundo Mateus.

Materialização de uma moeda na boca de um peixe

Segundo Mateus (cap.17), tendo Jesus e seus discípulos chegado em Cafarnaum, os cobradores de impostos chegaram até Pedro e lhe perguntaram: "Vosso mestre não paga as duas dracmas?". E Pedro respondeu: "Paga". E entrando em casa Jesus lhe disse: "Que te parece, Simão? De quem recebem os reis da terra o tributo, de seus filhos ou dos estranhos?". E Pedro lhe respondeu: "Dos estranhos". E Jesus lhe disse: "Logo, são isentos os filhos. Mas para que não os escandalizemos, vai ao mar e lança o anzol, e pega o primeiro peixe que subir, e, abrindo-lhe a boca, acharás dentro um estáter. Tira-o e dê aos cobradores de impostos, por mim e por ti".

Este é um caso diferente de todos os registrados nos evangelhos. Aqui, ou Jesus viu à distância no meio do Mar da Galiléia um peixe com um estáter na boca, e fez que ele mordesse o anzol de Pedro, prevendo tudo antes de acontecer, ou materializou o estáter dentro da boca do peixe que Pedro fisgou, no momento em que isso aconteceu, tendo antes mandado Pedro lançar o anzol para poder produzir o fenômeno extraordinário.

O que mais nos parece é que Jesus quis produzir o fenômeno para Pedro apenas, para aumentar a sua fé nele, e por isso o mandou lançar o anzol no mar, para então poder materializar o estáter dentro da boca do peixe, como havia dito a Pedro que aconteceria. E Jesus não se negou a pagar o tributo, e ainda pagou por ele e por Pedro ("Dê aos cobradores de impostos, por mim e por ti").

TRANSFORMAÇÃO DE MATÉRIA

Transformação de água em vinho

Conta-nos João (cap.2) que houve uma festa de bodas (casamento) em Caná, na Galiléia. E lá estava a mãe de Jesus, e também ele e seus discípulos, que também foram convidados. Faltou vinho em determinado momento, e a mãe de Jesus lhe disse: "Eles não têm vinho". E Jesus disse à sua mãe: "Mulher, que importa isso a mim e a vós? Ainda não é chegada a minha hora". E Maria disse aos que estavam servindo: "Fazei tudo o que ele disser". Havia na casa três talhas de pedra, que serviam para as purificações que faziam os judeus, levando cada uma dois ou três almudes. E então Jesus disse aos servidores da festa: "Enchei de água essas talhas". E eles as encheram completamente. E disse depois: "Tirai agora e levai ao arquitriclino". E eles as levaram. E o que governava a mesa, assim que provou a água, que se fizera vinho, como não sabia donde veio, ainda que soubessem os serventes, porque foram eles que colocaram a água na talha, chamou o noivo e lhe disse: "Todo homem serve primeiro o bom vinho, e depois que os convidados já beberam bastante, então serve o vinho inferior. Tu, ao contrário, guardaste o bom vinho até agora".

Esse fenômeno produzido por Jesus, de transformação de água em vinho, ou transmutação de matéria, jamais foi feito por outra pessoa, de forma comprovada, e em tão grande quantidade.

Parece estranho, à primeira vista, a forma como Jesus fala com sua mãe, parecendo que a tratava com desrespeito. Mas isto é só na aparência. Na verdade, o que Jesus disse, e não se sabe o tom e como disse, foi que ele e sua mãe não tinham nada a ver com a falta de vinho na festa. E isto porque essa questão de comida e bebida é própria dos donos da festa, e normalmente os convidados nem sabem como andam o estoque de comida e bebida, não ficando na cozinha ou dispensa. Mas, apesar de ter Jesus dito a Maria que sua hora não era ainda chegada, não disse ele que nada faria a respeito da falta de vinho. E Maria, mesmo ouvindo o que ele disse, foi até os servidores da festa e lhes disse para fazerem tudo o que Jesus mandasse, o que demonstra uma certeza que ela possuía de que Jesus faria algo. Maria tinha certeza disso, e sabia que não seria algo convencional ou normal, como mandar comprar vinho em algum lugar ou pedir a alguém.

O relato de Lucas mostra ainda que Maria devia ser amiga íntima de algum dos noivos, ou dos dois, ou dos pais deles, pois do contrário não saberia que estava faltando vinho. E Maria se preocupou em resolver o problema de seus amigos, ainda que para isso tivesse que pedir a Jesus para fazer algo fora do comum, o que, aliás, ela não exitou em fazer.

Há quem sustente, sem qualquer fundamento, porque o texto é claro, e o relato só existe no Evangelho de João, que tudo não passou de uma brincadeira, e que não houve de fato transformação de água em vinho. Mas quando se estuda a fundo os textos dos evangelhos vemos que quando Jesus falava por parábolas, a alegoria e o simbolismo são evidentes, e quando falava claramente de um assunto, também quem escreveu relatou exatamente o que ele disse, sem meias palavras e sem alegorias, como neste caso em análise. Ademais, os detalhes do narrador, do diálogo entre Maria e Jesus, entre Maria e os servidores, e ainda entre estes e o mestre de cerimônia não deixa margem a dúvidas quanto ao fenômeno operado. Não houve brincadeira, e não se tratava de pessoas embriagadas achando que estavam tomando vinho quando na verdade bebiam água. Quem primeiro provou o que antes era água, e sem saber que havia antes água nas talhas foi o chefe de cerimônia, e ele sentiu o gosto do bom vinho, como vemos no relato, não sabendo que havia sido colocada água nas talhas. Ele não sabia de nada. Assim, como poderia estar sugestionado a sentir sabor de vinho? Nem os serventes sabiam que haveria transformação da água em vinho, pois isto não lhes foi dito.

Apenas Maria lhes disse para fazerem o que Jesus mandasse, e eles fizeram.

Como se vê, pelo relato de João, a transformação da água em vinho se deu entre o enchimento das talhas com água e a prova do vinho pelo governante da mesa, o que deve ter levado uns poucos minutos. Quando foi provado o que estava nas talhas, ali já havia vinho, mas antes haviam sido enchidas com água. E não sabendo o governante da mesa que havia mais vinho guardado, chamou o noivo e lhe disse que o comum é se servir o bom vinho no início da festa, e o inferior mais adiante, porque depois que se bebe muito já não se sente muito o sabor, e já não se distingue o bom do mau vinho.

O relato de João não permite interpretação no sentido de que tudo não passou de uma brincadeira de Jesus, mesmo porque ele não era de brincar, ainda mais com coisas do tipo relatada, o que seria mostrar uma personalidade de brincalhão, e Jesus não tinha tempo para isso, pois seu tempo de vida seria curto, e ele sabia disso desde o início. Ademais, a quantidade e variedade dos fenômenos produzidos por Jesus permitem que se aceite como verídico também esse fenômeno, que pode sim ser chamado de milagre, porque a ciência não consegue explicá-lo, nem muito menos produzi-lo.

Jesus "brincava" com as leis da natureza por nós conhecidas, talvez para mostrar mesmo, tanto para aquele tempo quanto para o nosso, que ele podia fazer tudo quanto fez, por ter recebido um poder superior da parte de seu Pai, que também é nosso Pai, Deus. Para Deus tudo é possível. E Jesus disse que Deus lhe deu todo o poder sobre o céu e a Terra. Seus milagres demonstram de fato isso. Não se pode pretender entender Jesus como um homem comum, normal, como um de nós ou qualquer outro personagem histórico. Ele não era como nós. Ele era um homem mais poderoso do que os deuses gregos imaginários, ou os deuses hindus, ou das várias religiões politeístas. E seu poder era real. Por isso ele transformou tanta gente em seu tempo, e continua transformando até hoje.

TRANSFIGURAÇÃO

A Transfiguração de Jesus

Relata Mateus (cap.17) que Jesus chamou três de seus discípulos, Pedro, João e Tiago e os levou ao alto de um monte, e transfigurou-se diante deles. Diz que o rosto de Jesus ficou refulgente como o sol, e suas vestiduras se fizeram brancas como a neve. E apareceram Moisés e Elias, que falaram com Jesus. E Pedro disse a Jesus: "Senhor, é bom que nós estejamos aqui. Se quiseres, faremos aqui três tabernáculos, um para ti, outro para Moisés e um outro para Elias". E enquanto Pedro ainda falava essas coisas, uma nuvem os cobriu. E saiu uma voz da nuvem dizendo: "Este é aquele meu querido Filho, em quem tenho posto toda a minha complacência. Ouvi-o". E ouvindo isto, os discípulos caíram de bruços e tiveram grande medo. Porém Jesus chegou até eles, tocou-os e disse: "Levantai-vos e não temais". E então eles levantaram os olhos, e viram tão-somente Jesus. E quando eles desciam do monte, Jesus lhes disse: "Não digais a pessoa alguma o que vistes, enquanto o Filho do Homem não ressurgir dos mortos". E os discípulos perguntaram a Jesus: "Por que dizem os escribas que importava vir Elias primeiro?". E respondeu Jesus: "Elias certamente há de vir, e restabelecerá todas as coisas. Digo-vos porém que Elias já veio, e eles não o conheceram, antes fizeram dele quanto quiseram. Assim também o Filho do Homem há de padecer em suas mãos". E então entenderam os discípulos que ele falava de João Batista.

A transfiguração propriamente dita, como fenômeno, se resume à transformação de Jesus diante de seus discípulos, tendo seu rosto ficado brilhante como o sol e suas vestes brancas como a neve.

A ciência desconhece esse fenômeno, que não pode ser produzido ao bel-prazer dos homens. O Espiritismo procurou explicar o fenômeno através do perispírito, que é o corpo espiritual, que se irradia para fora do corpo físico como a luz que sai de dentro de uma lâmpada, e não fica circunscrita a ela. O perispírito, sendo de matéria mais sutil, mais plástica, poderia sofrer transformações e dar ao corpo físico outra aparência diferente.

No caso relatado por Mateus, no entanto, não há indicativo de que Jesus tenha sofrido transformações físicas. Apenas ficou com o rosto brilhante, iluminado, e suas vestes ficaram também muito brancas, e provavelmente brilhantes. Esse brilho, e a irradiação luminosa, não são comuns nos casos de transfiguração, parecendo mais que na verdade os discípulos estavam vendo o corpo espiritual de Jesus, deixando momentaneamente de ver o seu corpo físico, de carne. O corpo espiritual teria envolvido o corpo de carne, e se tornado visível para os discípulos. Da mesma forma, os discípulos estariam vendo também Moisés e Elias em seus corpos espirituais, visto que ambos haviam morrido há muitos séculos. E no mesmo momento houve o fenômeno denominado de voz direta pelos espíritas, tendo uma voz dito que Jesus era o seu Filho querido, e que seus discípulos presentes deveriam ouvi-lo. A nuvem poderia ser ectoplasma, talvez, que serve para a produção de fenômenos de efeitos físicos, e tem o aspecto de nuvem ou de algodão.

Vê-se da narrativa que o fenômeno foi rápido, e logo os discípulos viam somente Jesus, deixando de ver Moisés e Elias, de ouvir a voz e de ver a nuvem. E Jesus exigiu que guardassem segredo, o que incluía inclusive os outros discípulos, até a sua ressurreição do meio dos mortos.

Houve claro privilégio dos três discípulos que presenciaram o fenômeno, tendo havido esse mesmo comportamento por parte de Jesus em outra oportunidade, sem explicar por que.

A aparição de Moisés e Elias a Jesus e seus discípulos não faz parte da transfiguração, sendo materialização dos espíritos ou simples aparição, com momentânea visão por parte dos discípulos.

É importante salientar que Pedro e João foram dos mais importantes discípulos de Jesus, tendo sido ao primeiro confiado a igreja de Jesus, e ao segundo a própria mãe de Jesus, no pé da cruz, no fim da vida física de Jesus, tendo sido João o único discípulo a assistir a sua morte, com grande coragem. E foi quem viveu mais tempo, cerca de cem anos, e quem escreveu o Apocalipse. Isto talvez explique o por quê do privilégio em certos momentos especiais da missão de Jesus.

LEVITAÇÃO

Jesus caminha sobre a água

A única experiência de levitação envolvendo Jesus que está descrita nos quatro evangelhos é aquela em que ele caminhou sobre a água, relatada em Mateus, no capítulo 14.

Conta-nos Mateus que Jesus, logo após a primeira multiplicação dos pães, mandou que seus discípulos embarcassem e passassem para a outra margem do lago, que é o Mar da Galiléia, enquanto ele despedia as pessoas. E logo que despediu a todos, subiu só a um monte para orar. E quando a noite chegou, ele estava ainda no monte, só. E a barca, que seguia no meio do lago, era combatida pelas ondas, porque o vento era contrário. E na quarta vigília da noite, Jesus foi até eles, andando sobre o mar. E quando seus discípulos o viram andando sobre o mar, ficaram assustados e perturbados, e disseram: "É um fantasma". E começaram a gritar de medo. Mas Jesus imediatamente lhes falou: "Tenham confiança, sou eu. Não tenham medo". E Pedro então lhe disse: "Senhor, se és tu, manda-me que vá até onde tu estás, por cima das águas". E Jesus disse: "Vem". E Pedro desceu da barca e ia caminhando sobre a água para chegar até Jesus. Porém, vendo que o vento era forte temeu, e quando ia submergindo gritou: "Senhor, põe-me a salvo". E no mesmo momento Jesus estendeu a sua mão e pegou a de Pedro, impedindo que continuasse a afundar, e lhe disse: "Homem de pouca fé, porque duvidaste?". E depois que subiram na barca, o vento cessou. Então os discípulos que estavam na barca o adoraram, dizendo: "Verdadeiramente tu és Filho de Deus".

Desde que se aceitem como verdadeiros os relatos dos evangelistas, só podemos analisar o fenômeno produzido por Jesus nessa oportunidade tomando por fonte de interpretação tão-somente os quatro evangelhos.

Inicialmente, ressaltamos que atualmente o fenômeno denominado de levitação não é estranho à ciência, nem às pessoas que se interessam pelo assunto. Há muitos casos reconhecidos de levitação, inclusive de membros da Igreja Católica, que foram santificadas, pois se considerou o fenômeno de levitação um milagre produzido.

Há hipnotizadores que produzem a levitação em pessoas. E há pessoas que fazem objetos levitarem. De alguma forma ainda não explicada pela ciência há neutralização da força gravitacional, anulando o peso da pessoa ou objeto, permitindo que haja a levitação (elevação) acima do solo.

No caso descrito pelos evangelistas, é importante analisarmos se houve mesmo levitação de Jesus, e também de Pedro, ou se Jesus caminhou sobre a água no seu corpo espiritual, que alguns chamam de corpo astral, e outros de perispírito. Paulo de Tarso simplesmente chamava esse corpo de *corpo espiritual.*

Segundo o relato transcrito acima, os discípulos de Jesus embarcaram e seguiram viagem para atravessar o lago enquanto Jesus permaneceu na outra margem, indo a um monte para orar. E mais tarde Jesus foi visto por todos os discípulos, e não apenas por um deles, andando sobre as águas, o que provocou o medo e os fez gritarem assustados.

Inicialmente, chamamos atenção para o fato de que não é comum muitas pessoas verem ao mesmo tempo um espírito. Normalmente, só os chamados videntes vêem os espíritos. E não há qualquer indicativo nos quatro evangelhos de que os discípulos de Jesus fossem videntes. Nenhum deles via espíritos sem que todas as pessoas presentes no mesmo ambiente também estivessem vendo.

Só há duas hipóteses para explicar o fenômeno. Na primeira, Jesus estaria realmente andando sobre a água com o seu corpo físico; na segunda, ele estaria em corpo espiritual, astral ou perispírito. Afastamos a hipótese de estar ele com o corpo espiritual materializado porque não haveria sentido em deixar ele o corpo de carne no monte e materializar o corpo espiritual para ir até os discípulos andando sobre a água no corpo espiritual materializado.

Seus discípulos pensaram ser um fantasma a andar sobre a água não por estar ele luminoso ou apresentar algum aspecto diferente do normal, o que sequer registraram, mas sim porque nunca tinham visto alguém andando sobre a água. Sequer sabiam dessa possibilidade. Por isso, julgavam que só um fantasma poderia andar sobre a água sem afundar.

O fato de também Pedro ter andado sobre a água, como relatado, também reforça a interpretação de que Jesus, como Pedro, estava em seu corpo físico, e não em corpo espiritual. Naquele tempo os discípulos não praticavam o que hoje chamamos de projeção astral, projeção da consciência ou desdobramento, que é a saída do espírito, consciente, do corpo físico. Eles sequer sabiam o que era isso, quando mais como fazê-lo. E ainda mais todos ao mesmo tempo, pois, conforme vemos no relato, após Jesus e Pedro entrarem na barca, os demais discípulos o adoraram, maravilhados com o fenômeno. Se Jesus estivesse em seu corpo espiritual ou astral, depois ele teria que desaparecer da barca, o que não consta do relato, e voltar para o monte, na outra margem do lago, para retornar ao seu corpo físico, que teria largado em cima de um monte. Não parece um procedimento lógico nem seguro, muito menos cauteloso, razão pela qual não creditamos tenha Jesus deixado seu corpo em um monte, abandonado, sem qualquer vigilância ou proteção, e tenha ido em corpo espiritual ao encontro dos discípulos. O texto dá a clara idéia de que ele foi definitivamente ao encontro dos discípulos, em corpo carnal, para ficar com eles, não havendo porque depois retornarem todos ao mesmo local de onde saíram apenas para buscarem o corpo de Jesus. Se isso tivesse acontecido, os evangelistas teriam registrado, porque procuraram ser o mais fiel possível aos fatos e fenômenos que presenciaram ou ouviram contar por quem os presenciou.

Outro aspecto ainda a considerar, a favor da idéia de que o corpo que andava sobre a água era o físico, tanto de Jesus como de Pedro, é o fato de na narrativa estar escrito que Pedro temeu em razão de sentir a força do vento, e a partir daí começou a afundar. Ora, segundo os conhecimentos de projeção astral, e nisso temos razoável experiência, quando se está no corpo astral ou espiritual não se sente normalmente o vento, nem a chuva, nem o calor do sol etc. Estas sensações somente chegam à mente através dos sentidos físicos. Assim, se Pedro sentiu o vento forte é porque estava no seu corpo físico, em estado de vigília, e não em corpo astral ou espiritual, com o corpo físico a dormir na barca. E como teve medo, perdendo a fé, deixou de neutralizar a força da gravidade, e ia afundando quando Jesus lhe pegou a mão e o salvou.

Quando Jesus disse "Homem de pouca fé, porque duvidaste?", estava ele se referindo à dúvida de Pedro quanto a poder flutuar sobre a água, ou seja, levitar. Pedro duvidou, vacilou, teve medo de afundar, e por isso começou a afundar mesmo. A vontade é o principal fator no fenômeno de levitação. E para os discípulos de Jesus o adorarem como fizeram, dizendo que ele era verdadeiramente Filho de Deus, foi porque de fato Jesus andou sobre a água estando no corpo físico, o que é muito mais fantástico e maravilhoso do que ver um espírito livre do corpo fazendo o mesmo, porque já se sabe que o espírito normalmente pode volitar, ou flutuar. Se não tivesse de fato Jesus levitado, e andado sobre a água até o meio do lago ao encontro de seus discípulos, estes certamente teriam escrito seus relatos de forma diferente, e não como escreveram.

E ainda, para finalizar, é preciso ler em Mateus a continuação seqüenciada dos fatos. Escreveu ele: "E tendo passado à outra banda, vieram para a terra de Genesar. E depois de o terem reconhecido os naturais daquele lugar, andaram por todo aquele país circunvizinho, e lhe apresentaram todos quantos padeciam algum mal, e lhe rogavam que os deixasse tocar ao menos a orla do seu vestido. E todos os que o tocaram ficaram sãos". Isto demonstra claramente que de fato Jesus e seus discípulos não voltaram para o outro lado do lago a fim de Jesus retomar seu corpo físico e seguir na barca. Ou seja, Jesus não deixou seu corpo no monte. Ele foi mesmo caminhando sobre a água até a barca, e depois de entrar nela seguiu viagem com seus discípulos até o outro lado, até Genesar, onde fez as coisas acima descritas.

O evangelista Marcos confirma o relato de Mateus quase inteiramente, e diz que Jesus, quando foi visto por todos os discípulos que estavam na barca, estava passando já o barco, quando eles se puseram a gritar. E confirma que eles seguiram para o outro lado do lago, não tendo retornado para a banda de onde tinham vindo, o que confirma a interpretação de que Jesus estava em seu corpo de carne quando caminhou sobre a água.

Lucas e João não fazem referência ao fato de ter Jesus andado sobre a água do lago.

INFLUÊNCIA SOBRE AS FORÇAS DA NATUREZA

Jesus acalma uma tempestade no mar

Conta-nos Mateus no capítulo 8 de seu evangelho que, tendo saído Jesus com seus discípulos de Cafarnaum em uma barca, sobreveio no mar (Mar da Galiléia) uma grande tempestade, e as ondas encobriam a barca. E Jesus dormia. E então seus discípulos o acordaram dizendo: "Senhor, salva-nos, pois vamos morrer". E Jesus lhes disse: "Por que temem, homens de pouca fé?". E Jesus se levantou e deu ordens ao mar e aos ventos, e logo se seguiu uma grande calmaria. E os discípulos se admiraram e disseram: "Quem é este que os ventos e o mar lhe obedecem?".

Fala-se de dança da chuva, de magos que fariam chover, mas nunca se confirmou um único caso desses anunciados. E não se registrou nenhum caso em que alguém tenha acalmado os ventos e o mar com as palavras, e rapidamente. A água e os ventos fazem parte de nossa natureza terrestre, e são compostos de matéria inorgânica, inanimada. Água e gases não possuem inteligência, até onde vai o nosso conhecimento científico. Assim, como poderia alguém comandar, dar ordens, ao vento e ao mar? Há correntes espiritualistas que sustentam que há na natureza seres que vivem ligados ao ar, às florestas, e à água, e que eles podem ser dirigidos por uma vontade firme, e pelo comando. Isto explicaria, em parte, a ação de Jesus sobre os elementos da natureza. Mas é possível também que, possuindo Jesus tão elevada evolução e tão grandes poderes mentais, pudesse ele mesmo, diretamente, agir sobre os elementos da natureza, como a água e o vento, atraindo-os ou afastando-os, ou ainda acalmando-os. Na telecinesia a pessoa age sobre matéria inorgânica e a movimenta, o que demonstra essa possibilidade. É a vontade que age, o poder mental, e a direção firme, possibilitando a manipulação dos elementos da natureza. O poder de Jesus está longe de ser delimitado.

Jesus amaldiçoa uma figueira e ela seca

Conta-nos Mateus (cap.21) que Jesus, indo de Betânia a Jerusalém pela manhã, teve fome. Viu uma figueira junto do caminho e se aproximou dela, mas encontrou na árvore apenas folhas. E então falou para a figueira: "Nunca jamais nasça fruto de ti". E no mesmo momento a figueira se secou. E, vendo isto, os discípulos se admiraram, e lhe perguntaram: "Como se secou logo?". E Jesus lhes respondeu: "Na verdade vos digo que, se tiverdes fé, e não duvidardes, não só fareis o que acabo de fazer à figueira, mas ainda se disserdes a este monte tira-te e lança-te no mar, assim se fará. E todas as coisas que pedirdes, fazendo oração com fé, haveis de conseguir".

Esta passagem demonstra um poder extraordinário de Jesus sobre a natureza. Do simples desejo de que a árvore não desse jamais frutos, desejo que foi materializado para seus discípulos através de suas palavras, Jesus deve ter emanado energia de seu corpo capaz de secar rapidamente, imediatamente, a árvore.

Hoje se conhece razoavelmente o fato, de certo modo misturado com crendices populares, do chamado "mau-olhado", ou do "olho que seca pimenteira". Sabe-se que a inveja faz emitir energia ruim, e que muitas vezes faz secar e matar uma planta de um dia para o outro. Ora, se uma pessoa comum pode sem mesmo desejar a morte de uma planta, mas apenas sentindo inveja de sua beleza, mata-la, por que Jesus, que era um homem dotado de poderes especiais, não poderia, pelo poder de sua vontade, fazer uma pequena árvore secar imediatamente? Longe estamos de compreender o poder de Jesus, em cada aspecto, e em toda a sua extensão.

É importante salientar que, no caso de Jesus, não houve inveja, que estaria associada ao chamado "mau-olhado". Ele quis, talvez, e muito provavelmente, apenas dar uma demonstração de seu poder e do que a fé sólida pode fazer, como forma de ensinamento para seus discípulos, e para a posteridade. Jesus não ficaria com raiva da figueira, nem se vingaria dela apenas por não estar carregada de frutos, o que seria um contra-senso em confronto com todos os seus ensinamentos. A "maldição" deve ter se destinado a provar os efeitos da fé robusta e inabalável, e da confiança em si e nos poderes de Deus. Se Jesus não fazia mal às pessoas e aos animais, não faria também sem motivo às plantas.

A Pesca milagrosa

Não incluímos esse milagre de Jesus entre os de materialização nem de influência sobre as forças da natureza porque, como veremos em sua análise, não é possível identificar exatamente o tipo de fenômeno por ele produzido.

Conta-nos Lucas (cap.5) que estava Jesus às margens do Lago de Genezaré rodeado de muita gente que o comprimia a fim de poder ouvir a sua pregação. E viu Jesus duas barcas na margem do lago, notando que estavam saltando os pescadores para a terra e levando as redes. Então Jesus entrou em uma das barcas, que era de Simão (Pedro), e lhe pediu que se afastasse um pouco da terra. E após a barca se afastar, como pedido, pôs-se a falar para as pessoas que ficaram na terra, estando Jesus sentado na barca. E assim que acabou de falar, disse a Simão: "Vai mais para longe da margem e lança as redes para pescar". E Simão lhe respondeu: "Mestre, depois de trabalharmos toda a noite não apanhamos coisa alguma. Porém, diante de tuas palavras, soltarei as redes". E depois de soltarem as redes na água, pegaram tanto peixe que as redes se rompiam com o peso, o que os obrigou a darem sinal aos companheiros que estavam em outra barca para que fossem ajuda-los. E com a ajuda dos outros, encheram as duas barcas, quase provocando o seu afundamento, devido ao grande peso. E vendo isso, Simão Pedro lançou-se aos pés de Jesus e lhe disse: "Afaste-se de mim, Senhor, porque sou um homem pecador". Pedro assim agiu porque estava completamente espantado, e também seus companheiros, diante daquela pesca fora do normal. Mas Jesus lhe disse: "Não tenhas medo. Desta hora em diante, serás pescador de homens". E quando as barcas chegaram à terra firme, Pedro e os outros deixaram tudo e seguiram Jesus.

Há três hipóteses que podem ser sustentadas para qualificar e identificar esse milagre de Jesus. Pode ter havido a materialização dos peixes no meio das redes, como materializou Jesus pães e peixes mortos por duas vezes; pode ter havido o transporte de peixes de outro lugar do mesmo lago ou de outro lago ou mar; e pode ainda ter havido a atração e concentração dos peixes por parte de Jesus, para aquele local onde as redes estavam sendo lançadas. De qualquer sorte, a pesca foi anormal, para o que estavam acostumados os pescadores daquele local. E somente isto explica a reação de Pedro ao se lançar aos pés de Jesus, sentindo a sua superioridade e anormalidade (paranormalidade), diante de sua condição de pecador, palavras dele mesmo, e ainda ao fato de imediatamente seguir Jesus, deixando sua família. Só um fenômeno fora do comum é capaz de fazer alguém largar a família e a profissão, o ganha-pão, e seguir um estranho tão rapidamente.

Desconhecemos na história do espiritualismo, tanto antigo como moderno, alguma outra pessoa com poder de atrair seres vivos em quantidade, dando-lhes a direção desejada, ou de materializar seres vivos em quantidade, ou ainda de transportar seres vivos de um lugar para outro em quantidade abundante. Assim, o caso é único na história, e demonstra um poder fora do comum, e ainda incompreensível para nós, homens de ciência ou leigos.

EXPULSÃO DOS ESPÍRITOS

Considerações preliminares

Antes de Jesus, não havia referência nem registro histórico de alguém que expulsasse espíritos, ou demônios, de pessoas possuídas por eles. Nem na Grécia, nem na China ou na Índia isto acontecia. Nenhum místico conhecido desses países mais dotados de luminares da filosofia, do misticismo e da religião expulsava os espíritos chamados imundos. E também em Israel, terra de Jesus, nenhum profeta anterior a ele expulsava os espíritos. Logo, vemos que também essa prática surgiu com Jesus.

Vê-se, nos evangelhos, que ora são chamados de espíritos impuros e ora de demônios aqueles seres que se apossam das pessoas. A palavra demônio deriva do grego *daimon*, que significa espírito no seu sentido mais amplo, e não restrito a seres malfazejos, como posteriormente se deu à palavra traduzida para o latim.

É importante salientar que o filósofo grego Sócrates possuía um espírito amigo que sempre o acompanhava, e que em grego é tratado de *daimon*, mas não era um ser malfazejo, um espírito mal; pelo contrário, era um amigo que o ajudava.

Em todas as religiões existem informações acerca de espíritos bons e maus, anjos e demônios, a mostrar claramente que o nome dado diz respeito tão-somente ao estado e à conduta do ser, se bom ou mau.

A Doutrina Espírita, mais do que qualquer outra religião e filosofia adentrou essas questões para esclarecê-las. Há espíritos voltados para o bem e também há outros voltados para o mal, de acordo com seu estado evolutivo, de maior ou menor esclarecimento. Os que se prestam ao que o Espiritismo denomina de *obsessão,* do tipo subjugação, ou mesmo possessão, o que dá no mesmo, são os espíritos pouco adiantados, muitas vezes maus mesmo, que fazem isso como vingança, ou por pura ignorância.

Parece que no tempo de Jesus havia verdadeira epidemia de possessos na Palestina e regiões vizinhas, a julgar pela quantidade de possessos ou endemoninhados que levavam para Jesus expulsar os espíritos. E ele, com sua autoridade, expulsava todos os espíritos, o que ninguém, seja no meio espírita ou outro qualquer pode dizer ou garantir que fará. É preciso muita pureza de alma, muita força moral, e muito poder energético para garantir que o resultado será o desejado.

Expulsão dos espíritos que possuíam dois homens

Mateus no capítulo 8 de seu evangelho conta-nos que, após ter Jesus cruzado o Mar da Galiléia e chegar no país dos gesarenos, chegaram até ele dois endemoninhados que saíram dos sepulcros muito furiosos. Ninguém ousava passar por aquele caminho, temendo a fúria dos possessos. E os dois gritaram: "Que temos nós contigo, Jesus, Filho de Deus? Vieste aqui nos atormentar antes do tempo? Se nos lanças daqui, manda-nos para a manada dos porcos". Eles disseram isso porque passava próximo uma manada de porcos. E Jesus lhes respondeu: "Ide". E então os espíritos deixaram os possessos e foram para a manada de porcos, e ela correu para um despenhadeiro e se precipitou no mar, e os porcos morreram afogados. Os pastores dos porcos fugiram, indo até a cidade e contaram o que havia acontecido. E toda a cidade saiu a ver Jesus, e lhe pediram que fosse embora daquele lugar.

É lógico que todos ficaram assombrados com a estória, e com o poder de Jesus, que foi incompreendido. Mas não se pode pensar que os espíritos entraram nos porcos, no sentido de se apossarem deles, o que faziam com os homens. O mais provável é que tenha Jesus, pelo seu poder magnético, expulsado os espíritos que se encontravam profundamente ligados aos possessos, e que em seguida os tenha lançado sobre os porcos, conforme lhe foi pedido, e que os animais, sentindo a influência energética dos espíritos malignos, tenham se assustado e corrido, caindo no barranco e caído no mar, afogando-se. Não há registro histórico de animais possessos ou obsedados. A obsessão ou possessão somente se dá com os homens.

Expulsando um espírito de um lunático

Mateus nos conta (cap.17) que chegou até Jesus um homem e se colocou de joelhos diante dele dizendo: "Senhor, tem compaixão de meu filho, que é lunático e padece muito, porque muitas vezes cai no fogo, e muitas vezes na água. E tenho-o apresentado a seus discípulos, e eles não o puderam curar". E Jesus disse: "Ó geração incrédula e perversa, até quando hei de estar convosco? Até quando vos hei de sofrer? Tragam-no aqui". E Jesus ameaçou o espírito, e ele saiu do moço, e desde aquela hora ficou curado o lunático. E então seus discípulos chegaram até Jesus em particular e lhe perguntaram: "Por que nós não pudemos lançar fora o espírito?". E Jesus lhes respondeu: "Por causa da vossa pouca fé. Porque na verdade vos digo que, se tiverdes fé como um grão de mostarda, direis a este monte passa daqui para ali, e ele passará, e nada vos será impossível. Mas esta casta de espíritos não se lança fora senão à força de oração e de jejum".

Neste caso, Jesus não impôs a mão sobre o possesso, mas apenas ameaçou o espírito que o possuía, que o obsedava. Jesus tinha grande poder energético e também moral, o que lhe dava autoridade sobre os espíritos. Mas mesmo assim, vemos que neste caso ele disse que aquele tipo de espírito, que deveria ser muito forte, só poderia ser expulso da pessoa com oração e jejum, que seria a base da força. Seus discípulos, que já expulsavam também espíritos, neste caso nada puderam fazer, foram impotentes.

Um detalhe interessante nessa passagem é que Jesus mostra que há castas de espíritos, ou seja, nem todos são iguais e possuem a mesma força.

Expulsão de um espírito sem ver o possesso

Segundo Marcos (cap.7), estando Jesus nos confins de Tiro e Sidônia entrou em uma casa, e não queria que soubessem que ele estava ali. Mas isto não foi possível, pois logo o descobriram.

Uma mulher que tinha uma filha possuída por um espírito, logo que soube que Jesus estava ali, foi ao seu encontro. Entrou na casa e se lançou aos pés de Jesus. Era uma mulher gentia, de nação siro-fenícia, e rogava a Jesus que expelisse o espírito de sua filha. E Jesus lhe disse: "Deixa que primeiro sejam fartos os filhos, porque não é bom tomar o pão dos filhos e lança-lo aos cães". Mas a mulher disse a Jesus: "Assim é, Senhor, mas também os cachorrinhos comem debaixo da mesa as migalhas que caem dos meninos". E então Jesus lhe disse: "Por esta palavra que disseste, vai, que o espírito já deixou a tua filha". E a mulher foi para a sua casa, e quando lá chegou, encontrou a menina deitada na cama, sem estar mais possuída pelo espírito.

Este caso é peculiar e único nos relatos evangélicos, no tocante à expulsão de espíritos sem que o possesso estivesse na presença de Jesus. Ele nem mandou através de palavras que o espírito deixasse a menina possessa. Apenas desejou que isso acontecesse, e aconteceu, sem mesmo estar vendo com os olhos da carne o possesso. Não sabia onde a mulher morava, nem que tipo de espírito era. É um caso extraordinário de expulsão de espírito à distância, apenas por meio da vontade e da fé. Nunca jamais houve outro homem com esse poder.

RESSURREIÇÃO DE PESSOAS MORTAS

Ressurreição da filha de Jairo

Conta-nos Mateus (cap.9) que certa vez um príncipe procurou Jesus adorando-o e lhe disse: "Senhor, acaba de expirar minha filha. Mas vem tu, põe a mão sobre ela, e viverá". E Jesus se levantou e o seguiu, com seus discípulos. E quando chegou em sua casa, viu os tocadores de flautas e uma multidão de gente fazendo reboliço, e disse: "Retirai-vos, porque a menina não está morta, mas dorme". Mas as pessoas escarneciam de Jesus. Mas saíram todos, e Jesus entrou e tomou a menina pela mão, e ela se levantou. E correu a fama por toda aquela terra.

Nesse caso, há a possibilidade de que a menina não estivesse morta, porque se hoje há ainda enganos médicos quanto à certificação da morte clínica, naquele tempo a medicina, sendo muito mais atrasada, cometia muito mais erros. E o pai da menina disse que sua filha acabara de expirar, o que demonstra a morte recente. Mas também há a possibilidade, que não se pode descartar, de que Jesus tenha trazido mesmo de volta à vida a menina, através de seu poder magnético, e de sua fé, e com a permissão de Deus, que lhe dera tanto poder sobre a Terra, como sempre dizia.

Hoje há muitos casos reconhecidos e registrados, inclusive em livros, de pessoas que foram consideradas mortas clinicamente e que despertaram espontaneamente após alguns minutos, até vinte e oito minutos, conforme conhecemos. Isto mostra à medicina que estamos longe de conhecer todos os mistérios e segredos que envolvem a morte do corpo. E convida à reflexão: "existirá realmente um espírito a animar o corpo, e que define o momento real da morte definitiva?".

O Espiritismo sustenta que há um espírito envolvido em um corpo espiritual, que chama de perispírito, e que este está ligado ao corpo por meio de um laço fluídico, enquanto estamos vivos, e que a morte somente se dá quando esse laço se rompe totalmente. Assim, se considerarmos correta essa concepção, nos casos de morte clínica, perguntaremos: esse laço que prendia o corpo espiritual ao corpo de carne já havia se rompido quando foi declarada a morte clínica, ou não? A medicina não tem resposta para esta pergunta, porque sequer acredita na existência do corpo espiritual, de energia mais sutil. E no caso de Jesus, quando tocou na menina, o espírito ainda estava ligado por meio do laço fluídico ao corpo ou já estava desligado? Caso já tivesse sido completamente rompido o laço, poderia Jesus, por meio de seu poder magnético, energético, e com a permissão de Deus, trazer de volta o espírito, e uni-lo novamente ao corpo? Quem pode responder de forma absoluta e sem medo de estar adentrando ceara desconhecida esta pergunta? Quem conhece de forma integral o Poder de Deus, e o poder que tinha? E quem conhece a vontade de Deus? Somos muito míopes ainda, é preciso reconhecer, no que diz respeito às coisas de Deus e de Jesus, e quanto ao poder que possuía ele quando esteve na matéria. Em outras passagens complementaremos nossa análise, quando analisarmos outros casos de ressurreição de mortos.

Ressurreição do filho da viúva de Naim

Conta-nos Lucas (cap.7) que Jesus caminhava para a cidade de Naim, seguido de seus discípulos e muita gente. E quando chegou perto da porta da cidade, viu que levavam um defunto para ser sepultado, que era filho único de uma viúva. E seguia com ela muita gente da cidade. E ao ver Jesus a viúva, sentiu grande compaixão, e lhe disse: "Não chores". E se aproximou do esquife e o tocou, no que aqueles que o carregavam pararam imediatamente. E então disse: "Moço, eu te mando, levanta-te". E se sentou o que havia estado morto, e começou a falar. E Jesus o entregou a sua mãe. Todos ficaram cheios de temor, e glorificavam a Deus dizendo: "Um grande profeta se levantou entre nós, e visitou Deus o seu povo". E a fama desse milagre correu toda a Judéia e toda a comarca.

Esta é uma das três ressurreições relatadas pelos evangelistas e atribuídas a Jesus, sem contar com a ressurreição dele próprio.

Nota-se sempre a imensa compaixão de Jesus em relação a todos os que sofrem. E não há dor maior do que a de perder um filho. E neste caso, a mãe era já viúva, e o morto era seu único filho, o que implica em dizer que ela ficaria, possivelmente, abandonada, isto é, sem ter como se sustentar. Isto deve ter contribuído para ampliar ainda mais a compaixão de Jesus, e sua preocupação com a mãe do morto. Além disso, pode ter pensado em produzir o fenômeno para que sua pregação ganhasse mais força, pois logicamente as pessoas veriam que ele não era uma pessoa comum, mas um autêntico enviado de Deus, o Messias, com grande poder sobre as doenças e inclusive sobre a morte corporal.

Alguns refutam esse tipo de milagre de Jesus sob o argumento de que a pessoa poderia estar em algum estado de catalepsia ou coisa semelhante, em morte apenas aparente. Dois mil anos depois é impossível saber se isso estava acontecendo. Contudo, diante da vida e obra de Jesus, é difícil pensar-se em uma fraude, um engano, um embuste, o que seria totalmente dissonante com seu caráter reto. Ademais, vendo ele o cortejo para o sepulcro, sem conhecer as pessoas, como poderia saber que a mulher era viúva e o morto filho único, senão por meio de percepção extrasensorial? E ainda, como poderia Jesus saber que a morte era apenas aparente sem sequer ter contato anterior com a pessoa? E ainda que a morte fosse de fato aparente, nem a ciência deste início de século possui meios e recursos para trazer uma pessoa nessas condições de volta à vida normal, de volta à lucidez. Os casos de coma profundo que duram anos nos mostram a impotência da ciência diante desse tipo de situação. Não podemos ainda trazer as pessoas em coma de volta ao estado normal.

Outro aspecto interessante é que há vários casos registrados em hospitais de pessoas que foram consideradas clinicamente mortas, tendo tido parada cardíaca, morte cerebral e perda generalizada das funções orgânicas normais, e minutos depois, espontaneamente, despertaram, voltaram à vida. A ciência médica não sabe como explicar esses fatos, o que nos mostra ainda aí a limitação de conhecimentos sobre a morte neste novo século. Se uma pessoa hoje considerada clinicamente morta pode sem intervenção médica voltar à vida, porque não poderia Jesus, um homem dotado de poderes paranormais incríveis, com a sua vontade firme fazer um morto despertar, ainda que ele estivesse morto do ponto de vista clínico atual? Ao nosso ver, isto é plenamente possível para ele, não para qualquer um, evidentemente, posto que nem os melhores médicos e melhores hospitais têm controle sobre isso.

Jesus possuía, inegavelmente, um magnetismo poderosíssimo. Dele emanava uma energia poderosa de cura, bastando em muitos casos que se lhe tocassem apenas as vestes para que um doente ficasse imediatamente curado. E foi provavelmente esse mesmo magnetismo e energia de Jesus os responsáveis pelo despertar do morto no caso em análise. O poder da fé, aliado à energia abundante do curador, e o comando mental ou verbal firme determinam o alcance da penetração da energia e a cura, no caso de Jesus podendo chegar a trazer de volta à vida um morto, fenômeno no seu tempo denominado de *ressurreição*.

Ressurreição de Lázaro

Conta-nos João (cap.11) que Lázaro, amigo de Jesus, irmão de Maria e Marta, que viviam em Betânia, estava enfermo. E as irmãs de Lázaro mandaram avisar Jesus da doença de Lázaro com o recado: "Senhor, está enfermo aquele que tu amas". E quando Jesus ouviu esse recado disse: "Esta enfermidade não se encaminha a morrer, mas a dar glória a Deus, para o Filho de Deus ser glorificado por ela". Mas, apesar de saber que Lázaro estava muito doente, e ama-lo muito, e a suas irmãs, Jesus se deixou ficar ainda dois dias no lugar em que se encontrava quando recebeu o recado de Marta e Maria. E depois de dois dias, disse a seus discípulos: "Tornemos outra vez para a Judéia". E seus discípulos lhe falaram: "Mestre, há pouco tempo os judeus queriam te apedrejar, e tu vais outra vez para lá?". E Jesus respondeu: "Não são doze as horas do dia? Aquele que caminhar de dia não tropeça, porque vê a luz deste mundo. Porém, o que andar de noite tropeça, porque lhe falta a luz. Nosso amigo Lázaro dorme, mas eu vou despertá-lo do sono". Disseram-lhe então seus discípulos: "Senhor, se ele dorme estará são". Mas Jesus tinha falado da morte de Lázaro, e eles entenderam que ele falava do dormir do sono. Então Jesus disse claramente: "Lázaro está morto. E eu, por amor a vós, folgo de não me ter achado lá, para que acrediteis. Mas vamos a ele". E Tomé disse aos outros discípulos: "Vamos nós também, para morrermos com ele".

Quando Jesus chegou Lázaro já estava na sepultura há quatro dias. E muitos judeus haviam ido a Betânia consolar Marta e Maria pela morte de Lázaro. Marta, assim que soube que Jesus estava chegando saiu ao seu encontro, e Maria ficou em casa. E então Marta disse a Jesus: "Senhor, se tu estivesses aqui meu irmão não teria morrido. Mas também sei agora que tudo o que pedires a Deus, Ele te concederá". E Jesus lhe disse: "Teu irmão há de ressurgir". E Marta disse: "Eu sei que ele há de ressurgir na ressurreição que haverá no último dia". Disse-lhe então Jesus: "Eu sou a ressurreição e a vida. O que crê em mim, ainda que esteja morto, viverá. E todo o que vive e crê em mim, não morrerá eternamente. Crês isto?". E Marta respondeu: "Sim, Senhor, eu já estou na crença de que tu és o Cristo, Filho de Deus vivo, que vieste a este mundo". E dito isto Marta se retirou e foi chamar em segredo Maria, dizendo-lhe: "O Mestre chegou, e ele te chama". E assim que Maria ouviu essas palavras levantou-se logo e foi buscar Jesus, que ainda não tinha entrado na aldeia. E os judeus que estavam na casa de Maria saíram atrás dela, pensando que ela iria chorar no sepulcro onde fora colocado Lázaro. E assim que Maria chegou onde estava Jesus lançou-se a seus pés, e disse: "Senhor, se tu estivesses aqui meu irmão não teria morrido". E Jesus, vendo Maria e os judeus que a acompanhavam chorando, bramiu em seu espírito, e turbou-se a si mesmo, o que significa que sentiu forte emoção, e perguntou: "Onde vós o pusestes?". E as pessoas presentes responderam: "Senhor, vem e vê". Então chorou Jesus, o que deu causa a que os judeus dissessem: "Vejam como ele o amava". Mas alguns deles disseram: "Este, que abriu os olhos ao que era cego de nascença, não podia fazer com que este outro não morresse?". E Jesus, tornando a bramir em si mesmo, foi até o sepulcro, que ficava em uma gruta. Havia uma campa em cima do sepulcro, que era uma pedra que o fechava. Então disse Jesus: "Tirai a campa". Mas Maria, irmã de Lázaro, lhe disse: "Senhor, ele já cheira mal, porque já tem quatro dias de sepultado". E Jesus lhe falou: "Não te disse eu que se tu creres verás a glória de Deus?". E tiraram então a campa. E Jesus, levantando os olhos aos céus, disse: "Pai, eu te dou graças, porque me tens ouvido. Eu pois bem sabia que tu sempre me ouves, mas falei assim por atender a este povo, que está ao meu redor, para que eles creiam que tu me enviaste". E após dizer estas palavras, bradou em alta voz: "Lázaro, sai para fora". E no mesmo instante saiu o que estivera morto, ligados os pés e as mãos com as ataduras, e o seu rosto estava envolto com um lenço. E disse Jesus a todos os presentes: "Desatai-o e deixai-o ir".

Muitos judeus que foram consolar Maria e Marta creram em Jesus após ver Lázaro sair do sepulcro. Mas alguns foram procurar os fariseus e lhes contaram o que Jesus fizera. E por isso começaram a tramar a morte de Jesus, no que o levou a se retirar com seus discípulos para a cidade de Efrém.

Pouco tempo depois houve uma ceia na casa de Lázaro, tendo Jesus ido para lá, e também muitos judeus, sabendo que Jesus estaria lá, dirigiram-se para Betânia, para verem Lázaro e Jesus. E os príncipes dos sacerdotes passaram a desejar matar Lázaro, porque por sua causa muitos passaram a acreditar em Jesus.

Jesus entrou em Jerusalém no dia seguinte a essa ceia na casa de Lázaro, em razão de uma festa judia, e o povo, já tendo conhecimento da ressurreição efetuada por Jesus, já o esperava, e foi recebê-lo na entrada da cidade, com ramos de palma nas mãos, e dizendo: "Hosana, bendito seja o Rei de Israel, que vem em nome do Senhor".

Pelo que vemos no texto de João, o único evangelista a narrar a ressurreição de Lázaro, Jesus já sabia que traria Lázaro de volta à vida desde quando soube de sua enfermidade, pelo menos, se já não tinha conhecimento antecipado de tudo o que iria acontecer relativamente a Lázaro, sua morte e ressurreição.

Quando disseram a Jesus que Lázaro estava enfermo, ele disse que aquela enfermidade não encaminhava Lázaro à morte, mas a dar glória a Deus e a ele, Jesus. Isto demonstra que tudo estava previamente planejado, e estava previsto por Jesus, que não foi pego de surpresa. E ele propositadamente ficou dois dias no lugar onde se encontrava quando recebeu o recado, exatamente para dar tempo a que Lázaro morresse de fato, e só depois ele para lá se encaminhou, para trazê-lo de volta à vida, depois de quatro dias de seu sepultamento. E isto tornou ainda maior o espanto das pessoas que presenciaram Lázaro sair do sepulcro. E de fato Jesus foi glorificado e muitos creram nele por aquele milagre, e também Deus foi glorificado.

Não se pode também neste relato pretender ver simbolismo ou alegoria nas palavras de Jesus e nos fatos relatados. Jesus disse inicialmente a seus discípulos que Lázaro dormia, e que iria despertá-lo, mas quando eles disseram que ele estaria bem, já que dormia, Jesus então disse claramente, para desfazer a interpretação errônea deles, que Lázaro estava na verdade morto. E o próprio João, que escreveu sobre os fatos é quem diz que os discípulos entenderam que Jesus falava do dormir do sono, mas que Jesus na verdade falava do sono da morte, o que afasta qualquer outra interpretação equivocada acerca das palavras de Jesus.

Jesus disse a seus discípulos que folgava não ter estado com Lázaro antes, para, por amor a eles, devolver a Lázaro a vida, para que seus discípulos cressem nele.

Jesus fez muitas coisas para que seus discípulos acreditassem nele como sendo o Messias prometido pelos profetas antigos de Israel. Houve a transfiguração, em particular a poucos discípulos, a ressurreição da filha de Jairo, também vista por poucos discípulos, algumas curas afastadas do povo, tudo a leva-los a crerem nele, porque isto seria importante para o futuro da divulgação de seus ensinamentos. E a ressurreição de Lázaro talvez tenha sido o fenômeno mais impressionante produzido por Jesus antes de morrer. E isto se deu na presença de muita gente, inclusive gente de Jerusalém, que levou a notícia para aquela capital da província romana da Palestina. E tudo aconteceu poucos dias antes de Jesus entrar em Jerusalém para a sua última Páscoa, na qual foi crucificado. E contribuiu para a sua fama nos últimos momentos, e para que muitos cressem nele.

João mostra em seu texto como os fariseus se sentiram enciumados por causa da perda de seguidores do povo, que passavam a seguir Jesus e a acreditar nele, em razão de seus milagres. E isto contribuiu muito para que planejassem concretamente a sua morte, e eles aproveitaram a sua ida a

Jerusalém para prendê-lo e mata-lo. Só não sabiam que era exatamente isto que Jesus queria que acontecesse, e sabia que aconteceria, desde pelo menos quando deu início ao seu messianato. Tudo saiu como tinha que acontecer, e como Jesus sabia que seria, e que já estava previsto há vários séculos nas escrituras sagradas dos judeus.

Jesus não impôs as mãos em Lázaro, nem o tocou, como fez com a filha de Jairo, que ele pegou pela mão, nem se aproximou de Lázaro, como fez com o filho da viúva de Naim, mas apenas de longe ordenou que Lázaro saísse do sepulcro, e ele saiu.

Pensar-se que o espírito, Lázaro, não estava ainda completamente desprendido do corpo seria o mesmo que dizer que Jesus na verdade simulou um milagre, a ressurreição, posto que não teria ainda se concretizado a morte. Jesus não parece desconhecer a morte real, pois ele mesmo experimentaria a morte em si mesmo, e se levantaria do sepulcro cerca de trinta e seis horas depois, aproximadamente, como veremos mais adiante nesta obra.

O conhecimento prévio da morte de Lázaro, e a premeditação do atraso para chegar em Betânia depois de quatro dias da morte de Lázaro nos leva a crer que Jesus sabia de antemão que Lázaro morreria apenas para ser por ele, Jesus, trazido de volta à vida corporal, que é a ressurreição, e isto para a glória de Deus e sua própria, como dito por ele, e para que seus discípulos tivessem uma grande prova de que ele era o Messias tão esperado, e ainda para que os judeus acreditassem nele, e evitassem o pior, que acabou por acontecer, a destruição da nação judaica.

O poder de Jesus fica patente em mais este milagre extraordinário. Não só uma cura, mais a volta à vida corporal de alguém morto há quatro dias. E isto pelo poder da vontade, do comando da palavra, e logicamente pela sua energia poderosa. Tudo com a permissão e vontade de Deus.

Vemos que Jesus antes de chamar Lázaro eleva os olhos ao céu e ora a Deus, o que sempre fazia, pois sabia que todo o seu poder vinha de Deus, o Pai, como sempre fez questão de frisar.

A ciência está longe de entender e explicar esse fenômeno da ressurreição corporal de alguém morto. Por isso, continua sendo surpreendente e inexplicável essa ressurreição. E, assim, por que não se pode chamá-lo de milagre? Tudo questão de palavras!

Ressurreição de Jesus

Até agora temos analisado os milagres realizados por Jesus em vida. Neste capítulo, analisaremos o maior milagre do ponto de vista de seus discípulos, a ressurreição do próprio Jesus após ser morto por crucificação.

Inicialmente, cumpre-nos salientar, por ser oportuno, que, analisando há muito tempo os quatro evangelhos da Bíblia, chegamos à conclusão que na verdade a palavra *ressurreição* ali empregada tem três significados diferentes entre si. Ora se usa a palavra com o sentido de volta à vida de uma pessoa recém morta, cujo corpo ainda se encontrava inteiro, como nos casos da filha de Jairo, do filho da viúva de Naim e de Lázaro; ora se emprega a palavra para designar a volta à vida após o juízo universal, o que se daria coletivamente, e aconteceria com todos os mortos, estando, neste caso, os corpos já decompostos; e ora se emprega ainda com o sentido de reencarnação, como veremos em nossas análises neste capítulo. Assim, é importante que se entenda perfeitamente a palavra, seu significado, e os três sentidos diferentes.

Um outro aspecto a ser analisado é se existiu alegoria ou fraude na ressurreição de Jesus, e para isso analisaremos diversas passagens dos evangelhos nas quais Jesus anunciou previamente sua morte, e por que ele precisava morrer para somente depois voltar à vida corporal. E também é importante revermos algumas profecias antigas sobre sua vida e morte.

O profeta Isaías previu o nascimento de Jesus, dizendo que de Sião sairia a Lei, e de Jerusalém a palavra do Senhor. E disse ainda que o povo da Galiléia, que andava em trevas, veria uma grande luz. Disse que um pequeno nasceria, e lhe seria colocado um principado sobre os ombros, e o seu nome seria admirável, conselheiro, Deus forte, pai do futuro século, príncipe da paz. O seu império se estenderia cada vez mais, e a paz não teria fim.

Também Daniel previu a chegada do Filho do homem, a negação de Cristo pelo povo (Daniel, cap.9) e sua morte, com a destruição de Jerusalém em seguida, exatamente tudo como realmente aconteceu.

Miquéias também previu a chegada do Cristo (cap.4), indicando o local de seu nascimento (cap.5).

Zacarias (cap.13) previu que o pastor seria ferido, e as ovelhas dispersas.

Havia previsão também de que o Cristo, o Messias, o Salvador, seria entregue aos incrédulos, que dele zombariam, e que o açoitariam e o matariam, e que sobre suas vestes seria lançada sorte, e que seus ossos não seriam quebrados. E de fato, conforme relatos dos evangelistas, Jesus foi preso, zombaram dele, dando-lhe bofetadas, socos e pauladas, depois o chicotearam e crucificaram, mas não lhe quebraram os ossos, porque quando foram fazer isto, para apressar a sua morte, em razão da proximidade do sábado, que se iniciaria às 18:00 horas, com o pôr do sol, ele já estava morto.

Todas as profecias a seu respeito foram correta e integralmente cumpridas, o que significa dizer que os profetas antigos de Israel viram o futuro realmente, e que Jesus foi o homem de quem os profetas escreveram. Assim, a hipótese de fraude na sua morte é improvável, como veremos neste capítulo.

Jesus, muito antes de ser preso e morto em Jerusalém, já anunciava a sua morte, de certo modo velada, mas somente para quem não entendia bem as coisas, e também anunciava a sua ressurreição, como retorno à vida corporal, e não apenas em espírito, conforme relatou Mateus (cap.12): "Então lhe tornaram alguns escribas e fariseus, dizendo-lhe: "Mestre, nós quiséramos ver-te fazer algum prodígio". Ele lhes respondeu, dizendo: "Esta geração má e adúltera pede um prodígio, mas não se lhe dará outro prodígio senão aquele prodígio do profeta Jonas, porque assim como Jonas esteve no ventre da baleia três dias e três noites, assim estará o Filho do homem três dias e três noites no coração da terra".

Vemos nessa passagem dos escritos de Mateus que Jesus chamou de prodígio o que se escreveu no livro de Jonas, sobre ter ele permanecido três dias dentro de um grande peixe e depois ter sido expelido em terra, vivo, e como os habitantes da cidade de Nínive se modificaram com isso, fazendo penitência. E Jesus aproveitou para dizer que assim como Jonas ficou três dias e três noites dentro da baleia, ele ficaria três dias e três noites sob a terra. Ele quis dizer que estaria morto e sepultado durante três dias e três noites, e depois voltaria à vida física, exatamente como havia predito um profeta antigo de Israel. Nisso não há alegoria.

No capítulo 16 Mateus relata outra passagem em que Jesus faz menção novamente ao prodígio do profeta Jonas, em comparação ao único prodígio que seria dado aos judeus.

Mateus conta (cap.13) que, estando Jesus em Betânia na casa de um certo Simão, que era leproso, chegou uma mulher com uma redoma de alabastro cheia de precioso bálsamo e derramou sobre sua cabeça, o que escandalizou a muitos, que consideraram um desperdício, e que disseram que o bálsamo poderia ser vendido e dado o dinheiro aos pobres. Mas Jesus disse: "Deixai-a. Por que a molestais? Ela me fez uma boa obra. Vós sempre tendes convosco os pobres, para lhes fazer o bem sempre que quiserem, porém a mim não me tendes sempre. Ela fez o que cabia nas suas forças. Isto resultou em embalsamar-me antecipadamente para a sepultura". Isto significava que Jesus não estaria com eles, vivo, em carne e osso, sempre. E praticamente anunciou que já estava preste a morrer, e que a mulher lhe antecipou o embalsamamento que se faz antes do sepultamento. Tudo mostra que Jesus sabia que iria morrer em breve, e seria a morte física, não uma morte aparente, ou simulada, nem alegórica.

Mateus (cap.14) conta que Jesus, na última ceia, após dizer que um dos discípulos o trairia, e causar com isso um reboliço entre eles, disse: "...quanto ao Filho do homem, *ele vai* segundo o que dele está escrito, mas ai daquele homem por meio do qual será entregue o Filho do homem! Melhor fora ele não ter nascido" (grifo nosso). Jesus com isso disse que ele iria (morrer) na forma predita pelo profeta. Seus discípulos até aquele momento não entendiam suas palavras, quando ele dizia que iria ser morto em Jerusalém.

Todas essas passagens mostram que não houve simulação da morte de Jesus, e que ele, ao contrário, sabia desde o início de sua pregação pública como haveria de morrer, em cumprimento das escrituras, ou seja, das profecias. Ele muitas vezes disse aos discípulos que morreriam em Jerusalém, e falava do prodígio do profeta Jonas comparando-o com sua morte por três dias, e depois o seu ressurgimento. Ele disse aos seus discípulos claramente (Mateus, cap.14, v.28): "Mas depois que eu ressurgir, ir-vos-ei esperar na Galiléia". Ele falava do ressurgir novamente vivo depois da morte corporal, e o esperar na Galiléia não seria em espírito apenas, o que não faria sentido. Ele iria para a Galiléia em corpo material espera-los. A ressurreição de que ele falava, nesse caso, era a ressurreição como volta à vida no mesmo corpo que havia sido morto e sepultado, ou seja, voltar a animar o mesmo corpo morto e sepultado, mas ainda não decomposto.

A ressurreição após o juízo universal era crença muita antiga entre os judeus, mas não compartilhada por todos. Algumas seitas não acreditavam na imortalidade da alma nem na ressurreição corporal. Outras acreditavam na imortalidade da alma e na ressurreição do corpo após o juízo, voltando a alma a animar o mesmo corpo, mesmo milhares de anos depois de mortos. Os judeus do tempo de Jesus não entendiam a idéia da reencarnação, nem mesmo os doutores da lei, apesar dessa idéia ser comum e aceita entre outros povos, como os indianos e os egípcios. E alguns filósofos gregos, como Pitágoras, Sócrates e Platão acreditavam na reencarnação.

No capítulo 22 do Evangelho de Mateus há interessante passagem em que Jesus fala de ressurreição. Chegaram até ele os saduceus, que diziam não haver ressurreição, e fizeram a Jesus a seguinte pergunta: "Mestre, Moisés disse que se algum (homem) que não tenha filho morrer, seu irmão deveria se casar com sua mulher, dando sucessão a seu irmão. Ora, entre nós havia sete irmãos. Depois de casado faleceu o primeiro, e como não tinha filho, deixou sua mulher a seu irmão. O mesmo sucedeu com o segundo, o terceiro, até o sétimo. E ultimamente, depois de todos, faleceu também a mulher. Assim, a qual dos sete pertencerá a mulher na ressurreição, já que todos foram casados com ela?". A pergunta foi bem formulada, e com muita astúcia, e dentro do entendimento comum dos judeus, ela não teria resposta, isto é, se após o juízo universal todos ressurgiriam vivos novamente, quem ficaria com a mulher, já que todos foram com ela casados? Mas Jesus deu resposta inesperada, e mostrou como eles erravam na interpretação das escrituras, dizendo: "Errais, não conhecendo as escrituras, nem o poder de Deus, porque depois da ressurreição nem as mulheres terão marido nem os maridos mulheres, mas serão como os anjos de Deus no céu".

Jesus nessa passagem mostra que não se deve entender a ressurreição mencionada nas escrituras como sendo a volta à vida corporal de todos aqueles que morreram e nos corpos que já se decompuseram. Como os saduceus se referiam à ressurreição depois do juízo, Jesus deixou claro que nesse caso a ressurreição, o ressurgimento, não seria físico, mas haveria continuidade da vida da alma, que comparou aos anjos do céu. Ora, os anjos não têm corpo físico, são espíritos. Assim, a vida após essa ressurreição seria no céu, não na terra, porque é no céu que vivem os anjos. Jesus, desse modo, falou da vida após a morte, no céu, ou mundo espiritual. A alma continuaria viva. É a idéia da imortalidade da alma. Por isso ele disse que as mulheres não teriam marido, nem os maridos teriam mulheres, porque no céu, ou no mundo espiritual, não há marido e mulher, mas todos são livres para se associarem àqueles que amam de verdade.

Já vimos até aqui, neste capítulo, a ressurreição como *volta à vida corporal* daqueles que haviam morrido, como a filha de Jairo, o filho da viúva de Naim e Lázaro, todos eles mortos há pouco tempo, e sem a decomposição orgânica, e também a ressurreição como *vida depois da morte*, no céu, ou mundo espiritual, que expressa a idéia da imortalidade da alma.

É interessante vermos como Jesus fazia clara distinção entre a vida no céu, que é extrafísico, e a vida na terra, que é material, ou física. No Sermão da Montanha (Mateus, cap.5) ele se refere distintamente ao *reino dos céus*, que seria dos pobres de espírito, e à *terra*, que seria possuída pelos mansos. Assim, deixa claro que existe vida na terra, mas também existe vida em outro mundo, que não é físico, onde também alguns viveriam. E Jesus, já preso, disse a Pilatos que seu reino não era deste mundo, deixando claro também com essa afirmação que existe outro lugar onde se vive, e onde ele era rei, e que não era na terra, no sentido físico. E ainda, sempre que Jesus dizia em ir para o Pai, falava em outra dimensão, não física, visto que Deus não é material como os homens. Desta forma, não há dúvida quanto à duplicidade de entendimento ou interpretação da palavra ressurreição. Ora ela quer dizer continuação da vida depois da morte física, e ora retorno à vida corporal de alguém recém morto, no mesmo corpo.

Ainda em Mateus (cap.17) vemos Jesus dizer a seus discípulos que não contassem a ninguém sobre a transfiguração *enquanto o Filho do homem não ressurgisse dos mortos*. Ora, só ressurge dos mortos quem esteve morto.

Vejamos agora a ressurreição como reencarnação.

Mateus (cap.17) conta-nos que após a transfiguração de Jesus, ao descerem do monte onde ela se deu, seus discípulos lhe perguntaram: "Por que dizem os escribas que Elias tinha que vir primeiro?". E Jesus respondeu: "Elias certamente há de vir, e restabelecerá todas as coisas. Digo-vos porém que Elias já veio, e eles não o conheceram, antes fizeram dele quanto quiseram. Assim, também o Filho do homem há de padecer às suas mãos". E escreveu Mateus que então seus discípulos entenderam que ele falava de João Batista.

Essa passagem dos evangelhos é muito importante. Mateus escreveu que os discípulos entenderam que Jesus havia dito que João Batista foi o mesmo Elias, não reconhecido. Ora, João Batista viveu cerca de novecentos anos depois de Elias, posto que este viveu no século IX a.C. E João Batista nasceu de outra mulher, de forma natural e normal, não tendo sido o corpo de Elias que se levantou do túmulo, mesmo porque nada mais, a não ser ossos, deveria restar do corpo de Elias. Assim, João Batista não poderia ser a ressurreição física de Elias, como ocorreu com Lázaro e outros dois. A situação é outra, muito diversa. Ademais, o juízo universal ainda não havia se implantado, como até hoje também não, e por isso Elias não tinha porque ressuscitar no sentido corporal, como acreditavam algumas seitas judaicas.

Diante do afastamento da hipótese de que Elias ressuscitou dos mortos como Jesus, saindo do sepulcro no mesmo corpo em que viveu, e diante da afirmação de Jesus de que João Batista era o mesmo Elias, não reconhecido, somente nos resta crer que Jesus estava querendo dizer que João Batista era a reencarnação de Elias, ou, em outras palavras, João Batista era a reencarnação de Elias. Na reencarnação, a alma, o espírito, é o mesmo, mas o corpo é outro. A alma encarnada que no século IX a.C. se chamava Elias voltou à terra em outro corpo novecentos anos depois, nascendo novamente, de outra mulher, e tendo outro nome, João, que depois foi cognominado de Batista, porque batizava com água. Elias havia de vir, diziam as escrituras, mas isto não se daria no mesmo corpo, ressuscitado, como erroneamente interpretavam os escribas, e sim em outro corpo, foi o que quis dizer Jesus.

Outra coisa é que, se Elias tivesse ressuscitado, no mesmo corpo, ele continuaria se chamando Elias. Por que mudaria o nome? Não fosse assim, então depois do juízo todos mudariam seus nomes? Jesus teria outro nome, e também Maria, sua mãe? E cada um dos apóstolos mudariam também de nome? Isto não faz sentido.

João Batista foi uma reencarnação do profeta Elias. Foi isto que Jesus quis dizer.

Completamos, assim, o tríplice significado da palavra ressurreição empregada nos evangelhos. A palavra ressurreição na Bíblia tanto significa volta à vida corporal dos que já haviam morrido, mas há pouco tempo, como no caso de Lázaro; volta à vida corporal, mas no mesmo corpo, segundo algumas seitas judaicas, depois do juízo universal, o que Jesus combatia por entender ser interpretação errônea das escrituras; e volta à vida corporal, em outro corpo, nascendo novamente, ou seja, a reencarnação, como entendida hoje pelos modernos espiritualistas, e que foi o caso de Elias e João Batista, encarnações do mesmo espírito com intervalo de cerca de novecentos anos.

Vejamos agora a ressurreição física de Jesus, o seu levantar-se do sepulcro no terceiro dia após sua morte, o que ele comparou ao prodígio do profeta Jonas.

Segundo Mateus (cap.27) Jesus morreu perto da nona hora, e conforme João (cap.19) somente assistiram a sua crucificação ele mesmo, Maria, mãe de Jesus, a irmã de Maria, outra Maria, mulher de Cleófas, e Maria Madalena. Mas nem João assistiu o momento da morte de Jesus, posto que levou a mãe de Jesus para casa, segundo seu relato.

O normal nas crucificações em véspera de dia de sábado era que se quebrassem as pernas do supliciado, para apressar a sua morte por asfixia, pois não podendo suportar o peso nas pernas, os músculos dos braços e tórax logo se cansavam e dificultavam a respiração, levando à morte sem muita demora. E a crucificação de Jesus, tendo ocorrido numa sexta-feira, pelo meio da tarde, não poderia prosseguir até depois do pôr do sol, porque aí já se iniciava o sábado dos judeus. Por isso os judeus pediram a Pilatos que mandasse quebrar as pernas dos crucificados, conforme João (cap.19), o que foi feito quanto aos dois outros condenados, mas quando os soldados romanos chegaram próximo a Jesus viram que ele já estava morto, e por isso não lhe quebraram as pernas. Mas um dos soldados lhe abriu o peito em um lado com uma lança, e saiu água e sangue. E depois José de Arimatéia pediu a Pilatos o corpo de Jesus para sepultar. Ele e Nicodemos envolveram o corpo de Jesus em um asseado lençol, e o ligaram, após o embalsamarem com aromas, na maneira do costume judeu. E depois o colocaram em um sepulcro novo.

Segundo Mateus (cap.27, v.61), Maria Madalena e outra Maria assistiram o sepultamento, ficando sentadas defronte do sepulcro. De acordo com Marcos (cap.16, v.47), essa outra Maria era irmã de José. Se fez referência a José, o pai de Jesus, então essa outra Maria era tia de Jesus.

Pelo que escreveu Lucas (cap.23, v.54), quando o corpo de Jesus foi colocado no sepulcro, o sábado já raiava, o que significa dizer que o sol já estava se pondo. Ainda dava para enxergar. Tudo indica que Jesus não levou mais do que três horas na cruz.

Ainda segundo Lucas (cap.23 e cap.24), as mulheres que seguiram José de Arimatéia e viram onde colocaram o corpo de Jesus voltaram e prepararam aromas e bálsamos, mas nada fizeram no sábado, como de costume entre os judeus da época. Contudo, no primeiro dia da semana foram muito cedo ao sepulcro, levando os bálsamos e aromas. O primeiro dia da semana corresponde para nós, hoje, o domingo, visto que sábado é o sétimo e último dia. E viram a pedra que tapava o sepulcro removida. Entraram no sepulcro e não encontraram o corpo de Jesus.

As primeiras pessoas a verem Jesus depois de sua morte foram Maria Madalena e a outra Maria que com ela estava. E, segundo Mateus (cap.28, v.9), elas abraçaram os pés de Jesus e o adoraram, o que significa possivelmente materialidade, tangibilidade. E Jesus lhes falou, o que implica também que podia ser ouvido por elas fisicamente, posto que não há qualquer referência a faculdades paranormais nessas mulheres.

Assim, de acordo com esse relato, ou Jesus estava de fato vivo no mesmo corpo que fora sepultado, ou então estava em corpo espiritual materializado, podendo da mesma forma andar, ser tocado e ser ouvido.

Mas há divergência entre os relatos dos evangelistas quanto a essa passagem.

Marcos, que escreveu baseado nas pregações de Pedro, não entra em detalhes, mas informa que Jesus ressurgiu na manhã do primeiro dia primeiramente a Maria Madalena.

Segundo Marcos e Lucas, depois de aparecer a Maria Madalena, Jesus apareceu em outra forma a dois discípulos que iam caminhando para outra aldeia, tendo caminhado durante muito tempo com eles a conversar, e à luz do sol. Nunca ouvimos falar nem lemos sobre casos de materialização de espírito à luz do sol e tão demorada.

Segundo João (cap.20), depois que Maria Madalena viu que Jesus não estava no sepulcro, correu a contar a Pedro e João, que logo correram para o local, a fim de confirmar o fato. João chegou primeiro, e entrou no sepulcro, vendo os lençóis postos no chão, mas não entrou. Pedro chegou em seguida, e entrou no sepulcro, e viu postos no chão os lençóis, e também o lenço que estivera sobre a cabeça de Jesus, sendo que este estava dobrado, e num lugar à parte. Depois João entrou e viu tudo isso, e creu. Lembraram das palavras de Jesus, quanto a ter que morrer e depois ressuscitar. E voltaram para casa.

Ora, a julgar pelo relato de João, que esteve no local, ou alguém tirou o corpo de Jesus do sepulcro e o levou para outro lugar, ou então ele mesmo se levantou e saiu andando do sepulcro. E houve o cuidado de se dobrar o lenço da cabeça. Se alguém fosse furtar o corpo de Jesus, certamente o levaria como estava, ou seja, envolto no lençol e amarrado por tiras de pano, como o costume da época. Não haveria razão alguma para que fosse desenrolado o corpo para ser dali levado, nem muito menos se pensaria em dobrar o lenço da cabeça e deixar ali no túmulo.

Segundo João (cap.20), quando Jesus apareceu a Maria Madalena, e ela quis toca-lo, ele lhe disse: "Não me toques, porque ainda não subi a meu Pai". Isto diverge do relato de outros evangelistas, inclusive de Mateus, posto que, segundo João, Jesus não permitiu que Madalena o tocasse, o que dá a idéia de intangibilidade, imaterialidade, em confronto com a materialidade demonstrada no relato de Mateus.

Jesus apareceu também, depois de morto, a dez discípulos (apóstolos), e em seguida aos onze, pois na primeira aparição Tomé não se encontrava presente.

Ainda segundo João (cap.20), na primeira aparição Jesus apareceu dentro da casa em que eles se encontravam, estando as portas fechadas, o que significa dizer que ele não entrou pela porta. Ora, para alguém entrar em uma casa sem usar a porta, só se entrar transportado (transporte de matéria, no caso, o corpo), ou se se tratar de um espírito que se materializa dentro da casa. Se Jesus de fato voltou à vida no mesmo corpo, ou seja, levantou do sepulcro no mesmo corpo que fora crucificado, normalmente ele entraria pela porta, a menos que não quisesse ser visto pelas ruas ou quisesse produzir mais esse fenômeno para seus discípulos. Fora dessa hipótese, Jesus teria morrido mesmo, e não teria ressuscitado no sentido físico, mas teria aparecido em seu corpo espiritual, estando este materializado.

O mesmo João (cap.21), no entanto, nos dá outro indicativo de materialidade do corpo de Jesus, com sua aparição física em plena luz do dia, no Lago Tiberíades, o Mar da Galiléia.

Conta-nos João que alguns discípulos estavam pescando no lago quando Jesus apareceu na praia e perguntou se eles tinham algo para comer. Como responderam negativamente, Jesus mandou que lançassem a rede para o lado direito da embarcação, que eles achariam peixes. Eles obedeceram, e pegaram tão grande quantidade de peixe que não conseguiam levantar a rede para cima do barco. Então João disse a Pedro: "É o Senhor". E Pedro, quando ouviu isso, se vestiu, pois estava nu, e se lançou na água, nadando até a terra firme, e os outros foram na barca. E quando saltaram para a terra, viram brasas, e um peixe em cima delas, e pão. E Jesus lhes disse: "Dai cá dos peixes que agora apanhastes". Pedro subiu no barco e tirou a rede para a terra, havendo nela cento e cinqüenta e três grandes peixes. E Jesus disse: "Vinde, jantai". E eles sabiam que era Jesus. E Jesus lhes serviu peixe e pão. Esta, segundo João, foi a terceira aparição de Jesus a seus discípulos (os apóstolos) depois de ressurgir dos mortos.

Essa passagem dá a nítida impressão de materialidade do corpo de Jesus, que come e fala à luz do sol, acende fogo e serve alimento aos outros. Não há indício algum de que fosse um espírito materializado temporariamente.

Outra passagem que demonstra que o corpo visto pelos discípulos era aquele mesmo que morrera na cruz está no capítulo 24 do Evangelho de Lucas. Conta-nos ele que os dois discípulos que viram Jesus no caminho de Emaús foram até Jerusalém contar o que viram aos outros discípulos (os apóstolos) e, quando estavam relatando, Jesus se apresentou no meio deles (estando as portas fechadas) e disse: "Paz seja convosco. Sou eu, não temais". Mas eles, perturbados e espantados pensavam ver um espírito. E Jesus lhes disse: "Por que estais vós perturbados, e que pensamentos são esses que vos sobem os corações. Olhai para as minhas mãos e pés, porque sou eu mesmo. Apalpai e vede, que um espírito não tem carne nem ossos como vós vedes que eu tenho". E dizendo isso mostrou-lhes as mãos e os pés. Mas não crendo eles ainda, e estando admirados, lhes disse Jesus: "Tendes aqui alguma coisa que se coma?". E eles lhe puseram na frente uma posta de peixe assado, e um favo de mel. E Jesus comeu na sua frente, e lhes deu a sobra. E disse-lhes ainda: "Isto que vós estais vendo é o que queriam dizer as palavras que eu vos dizia, quando ainda estava convosco, que era necessário que se cumprisse tudo o que de mim estava escrito na Lei de Moisés, e nos profetas e nos salmos. Então lhes abriu o entendimento, para alcançarem o sentido das escrituras. E lhes disse: "Assim é que está escrito, e assim é que importava que o Cristo padecesse, e que ressurgisse dos mortos ao terceiro dia, e que em seu nome se pregasse penitência e remissão de pecados em todas as nações, começando por Jerusalém. Ora, vós sois as testemunhas destas coisas. E eu vou mandar sobre vós o dom que vos está prometido por meu Pai; entretanto ficai vós de assento na cidade, até que sejais revestidos de virtude lá do alto". Depois os levou para fora de Jerusalém, até Betânia, e levantando as suas mãos, os abençoou. E enquanto os abençoava, se ausentou deles, e era elevado ao céu. E depois os discípulos voltaram para Jerusalém.

Essa passagem dá a impressão de que houve de fato ressurreição física de Jesus, e somente no final do relato, quando se fala em elevação ao céu fica meio estranho. Inicialmente, quando aparece, Jesus manda que lhe toquem, e diz que um espírito não tem carne nem ossos, como ele tinha. Com isso, ele afirmava ter o mesmo corpo que foi crucificado, com suas feridas visíveis e palpáveis. Pode ele ter entrado na casa transportado, de forma invisível, o que explica o seu repentino aparecimento na frente dos discípulos. Nas materializações de espírito, como aquelas estudadas pelo cientista inglês William Crooks, e o russo Alexander Aksacof, no século XIX, e ainda Ernesto Bozzano e outros, a aparição se dá aos poucos, iniciando-se com uma nuvem de ectoplasma, e somente depois de algum tempo o espírito fica inteiramente visível. E nunca se fez experiência com sucesso à luz do dia, e ao ar livre.

Jesus nessa passagem relatada por Lucas chega até a comer, para provar que ele é material, e que é ele mesmo, e faz referência ao cumprimento das escrituras, que falavam na sua ressurreição ao terceiro dia. Tudo mostra que era ele mesmo, e em seu corpo físico, e que não houve fraude nem simulação de sua morte. Ele morreu mesmo, de verdade. E após cerca de trinta e seis horas saiu do sepulcro sozinho, vivo novamente. Ele havia trazido de volta à vida três pessoas mortas, incluindo um morto de quatro dias. Assim, por que não poderia voltar ele mesmo à vida corporal? Se ele tinha poder sobre o corpo e a vida dos outros, por que não teria sobre o seu próprio corpo e vida?

Estudando minuciosamente os quatro evangelhos, chegamos à conclusão que realmente Jesus morreu na cruz, e no terceiro dia, na contagem de tempo dos judeus de seu tempo (cerca de 36 horas), ele despertou novamente para este mundo material, voltando do mundo e do meio dos mortos, como anunciou diversas vezes que ocorreria, para dar cumprimento às escrituras, às profecias a seu respeito. E depois de algum tempo simplesmente desmaterializou o seu corpo, voltando para o seu reino, que fica no mundo espiritual, não na terra, como ele mesmo disse, ou se transportou para outro local e não mais teve contato com seus discípulos. Ficamos com a primeira hipótese, apenas por sentimento interior.

Jesus tinha esse incrível poder, inexplicável para nós, pessoas comuns, e mesmo para os maiores cientistas deste início do século vinte e um.

A sua ressurreição corporal foi o maior milagre por ele produzido, e no momento de produção desse milagre, parece que ele ainda produziu outro, igualmente incrível, que será analisado no capítulo seguinte, e que nos ajuda a comprovar a sua morte física e a sua ressurreição física também. Trata-se do Santo Sudário, uma "fotografia" que ele imprimiu no lençol que o envolvia no sepulcro, para o futuro distante dois mil anos.

O SANTO SUDÁRIO

Neste final de século e de milênio, um dos maiores mistérios e enigmas da humanidade se prende a um lençol de tecido existente na Catedral de Turim, na Itália. E isto porque, segundo se acredita, seria o lençol no qual José de Arimatéia e Nicodemos teriam envolvido o corpo de Jesus após tirá-lo da cruz, para sepultá-lo.

Até a década de sessenta, o Santo Sudário era apenas artigo de fé para os católicos. Contudo, após se iniciarem as investigações científicas sobre ele, passou a ser também objeto de estudos e pesquisas, com a utilização da tecnologia mais avançada, o que tornou o lençol ainda mais famoso, e mais misterioso.

Em João (cap.20), como já vimos no capítulo anterior, está escrito que o primeiro discípulo a ver o interior do sepulcro, e os lençóis no chão, foi ele mesmo, e depois Pedro, que chegou no local após ele. Teria um deles pegado o lençol e guardado? Teria sido Maria Madalena?

No Santo Sudário, um lençol que mede 4,36 metros de cumprimento por 1,10 metros de largura, vêem-se manchas de sangue, marcas de queimaduras por fogo, manchas de água e outras manchas que vistas a uma certa distância mostram a aparência de um homem em pé.

As investigações sobre o Santo Sudário se iniciaram com as primeiras fotografias tiradas dele por Segundo Pia, um advogado nascido em Turim, em 1898.

Ao revelar as fotos, percebeu ele que os negativos são magníficos positivos, demonstrando com isso que a imagem do Santo Sudário é um perfeito negativo fotográfico. Como se teria formado a imagem em negativo em época muito anterior à invenção da fotografia?

A segunda série de fotografias foi feita em 1931 por José Enrie, e levando-se em consideração a época, elas são muito boas, e inclusive são as mesmas até hoje usadas para a divulgação do Santo Sudário pelo mundo.

Sobre essas fotos de 1931 começaram a trabalhar os primeiros cientistas interessados no apaixonante enigma do Santo Sudário.

O tecido do Santo Sudário é de uma textura chamada "espinha de peixe" ou "espiga", um tipo de sarja. Ele foi tecido à mão, em um tear, segundo os pesquisadores, e com linho também fiado à mão, e apresenta alguns fios de algodão junto com os de linho. Ele é compacto, opaco e de cor cru, estando bem conservado. É suave e leve.

Em 1973, Gilbert Raes, do Instituto de Tecnologia Têxtil de Gant, fez estudos sobre pequenos fios que retirou do sudário, e concluiu que a textura do tecido correspondia àquela dos tecidos da época de Jesus. E foi ele quem encontrou fios de algodão entre os de linho, levando-o a acreditar que o tecido foi feito em um tear no qual também se fiava algodão. Mas no início da era cristã não se fiava algodão na Europa, e sim no Oriente Próximo. Assim, segundo Raes, o sudário podia perfeitamente bem ter sido tecido na Judéia no início do século I.

A imagem vista no sudário é o que mais interessa a todos, e ela mostra um homem que sofreu uma morte semelhante à que, segundo os evangelhos, sofreu Jesus de Nazaré.

Segundo Stevenson, um engenheiro de uma equipe que investigou o sudário de Turim, olhando-se diretamente para o sudário, a olho nu, é difícil distinguir os detalhes da imagem, por ser ela tênue, quase fantasmagórica. Ela vai se desvanecendo até se converter em uma mancha imprecisa à medida que vamos nos aproximando do lençol, de tal forma que, se chegarmos a alguns centímetros dele, somente distinguimos as áreas com imagem e as áreas sem imagem. Porém, quando se olha o lençol estando a quatro ou cinco metros dele podemos perceber todos os seus detalhes perfeitamente. Afirmou Stevenson que esse fenômeno ótico curioso se deve à falta de limites definidos entre as zonas com e sem imagens no tecido. Não há perfis nítidos, e as bordas da imagem estão desfiadas.

A figura que se vê no Santo Sudário possui características muito interessantes. Ela é superficial. Um fio de linho é formado por cem a duzentas fibrilas, e a imagem do Sudário só afeta em profundidade as duas ou três primeiras fibras. E o que se vê a olho nu é descoloração amarelada dessas fibras de linho.

A imagem é extremamente detalhada, pois mostra diminutos arranhões que dilaceraram a pele nas proximidades dos sinais dos açoites.

A imagem resiste ao calor, pois mesmo o incêndio de Chambery não a afetou. Há, assim, estabilidade térmica.

A imagem resiste também à água, pois, quando houve o incêndio acima citado, a água usada para apagá-lo, fervendo dentro da urna onde se encontrava o sudário, não afetou a imagem.

A imagem é resistente a todos os reagentes químicos conhecidos, que não a descoloram nem a dissolvem.

Não há vestígios de pigmentos na imagem, a demonstrar que ela foi pintada.

Não há indicativo de direção na imagem, como sempre fica claro nas pinturas, de qualquer tipo, seja a óleo ou outra qualquer. O artista sempre pinta de uma direção para outra.

A imagem é um negativo fotográfico, ou seja, só é perfeitamente entendida quando fotografada e visto o seu negativo.

A intensidade da imagem varia em função da distância entre o lençol e o corpo.

O professor Judica-Cordiglia, que estudou profundamente as imagens do sudário, em seu livro "L'Uomo della Sindone", escreveu: "Se considerarmos o conceito unitário do organismo e o significado biológico do psiquismo, e aceitarmos a correlação que vários autores sustentam existir entre as características psíquicas e somáticas, temos de enxergar neste Homem um indivíduo psiquicamente perfeito". E continua: "O Homem do Santo Sudário media 1,81m, pesava cerca de oitenta quilos e tinha medidas antropométricas que nos permitem considerá-lo o protótipo do Homem perfeito, estando além e acima de qualquer tipo étnico".

A primeira equipe de cientistas teve acesso ao Santo Sudário em 1969, mas somente depois de duas décadas uma outra equipe com equipamentos mais sofisticados e modernos teve acesso a ele e realizou estudos mais profundos, em 1978.

Os estudos revelaram também que a coroa de espinhos do homem do Sudário era como um capacete, que lhe encobria toda a cabeça, até a nuca, o que deve ter provocado sofrimentos enormes; que o homem recebeu um golpe, provavelmente de vara, no lado direito do rosto, que se apresenta afetado; que o homem foi flagelado (açoitado) pelo método romano, que era em si já um castigo, dado somente aos que não fossem ser crucificados, pois o prisioneiro era açoitado até perder a consciência. Os réus que seriam crucificados eram açoitados pelo método judeu, que era composto de trinta e nove golpes, recebidos no corpo desnudo, pelo menos a metade superior do corpo, o que servia para debilitar o réu e apressar a sua morte na cruz. A flagelação do homem do Sudário foi praticada por dois verdugos experientes, que não golpearam a zona do pericárdio para não provocar a morte do réu. Foram dados mais de cento e vinte golpes, deixando marcas por todo o corpo, com exceção da região do coração.

Os estudos demonstraram ainda que o homem foi amarrado pela perna direita, e deve ter levado muitas quedas, o que teria acontecido no caminho para o calvário, a julgar pelos hematomas nos joelhos. Como não há lacerações da pele na região dos joelhos, concluiu-se que ele estava vestido durante o trajeto.

O homem do sudário foi pregado na cruz com cravos, não amarrado. E os cravos foram enfiados nos pulsos, não nas palmas das mãos, como sempre se pensou. Estudos realizados com cadáveres demonstraram que um homem crucificado pelas palmas das mãos não poderia ser mantido na cruz, pois as palmas se fenderiam por não conseguir suportar o peso. O cravo foi colocado no que se conhece por "espaço de Destot" ou pela articulação rádio-cubital inferior, como defende o Dr. Antonio Hermosilla em seu estudo de "La Pasión de Cristo vista por un médico".

Em 1968, durante escavações feitas em Jerusalém para construção de casas, encontraram um esqueleto de um homem, que foi identificado pelos arqueólogos como sendo Yohanan, pois encontraram o seu nome no local. Ele havia sido crucificado depois da Grande Revolta do ano 70, e tinha sido pregado na cruz com cravos que lhe foram colocados no punho, entre os ossos rádio e cúbito, segundo o patologista israelense Dr. Nicu Haas, da Universidade Hebraica de Jerusalém. Verificou ainda o patologista que Yohanan teve os ossos das duas pernas, tíbia e perônio, fraturados, pelo que parece por um golpe único e devastador de um porrete. Com isso, os estudiosos do Sudário tiveram mais um elemento de estudo e comparação, tendo concluído que o homem do Sudário foi crucificado pelo método romano vigente à época, e que confirma os relatos dos evangelistas.

O homem do Sudário teve os dois pés pregados com um só cravo, tendo o pé esquerdo sido colocado sobre o direito.

O homem do sudário recebeu um golpe de lança nas costas, do lado direito do peito, entre a quinta e a sexta costelas, correspondendo exatamente à forma do ferro de uma lança romana, chamada em latim de "lancia". Esse golpe de lança tinha por objetivo garantir a morte do réu, impedindo que ele fingisse estar morto. Se Jesus estivesse vivo, no momento do golpe de lança ele se moveria, e morreria depois, pois o golpe atingia o coração.

O homem do sudário não teve as pernas fraturadas, coincidindo com os relatos sobre Jesus, mas recebeu o golpe de lança no lado direito do peito, lado do coração, e dele saíram água e sangue, segundo os evangelhos.

Os especialistas sustentam que a ponta da lança deve ter atingido a pleura e depois o pulmão direito, e a posição do golpe justifica o líquido que escorreu, e também o sangue.

O Sudário não mostra sinais de decomposição cadavérica, o que, em casos normais de um morto há mais de vinte e quatro horas deveria mostrar.

O Dr. Max frei, palinólogo e criminalista, professor da Universidade de Zurique, Suíça, e fundador e diretor do laboratório científico da polícia suíça em Neuchatel, e da polícia alemã de Hiltrup, teve acesso ao Santo Sudário, e em uma simples tira de papel adesivo, que aplicou ao tecido, recolheu amostras do "pó" existente na beira do lençol. Comparando os vários tipos de pólen encontrados no sudário com aqueles encontrados nas diversas camadas geológicas, concluiu que o sudário não poderia ser uma falsificação feita na Europa na Idade Média, porque nele há vários tipos de polens iguais aos encontrados na Terra Santa, e alguns de plantas que somente crescem na Terra Santa. O Dr. Max encontrou no sudário polens iguais aos encontrados no fundo do Mar da Galiléia e do Mar Morto, em camadas geológicas que são da época de Jesus. A Europa carece de vários tipos de pólen somente encontrados na flora oriental. E foram encontrados polens de plantas das regiões por onde a tradição conta que passou o Santo Sudário.

Feitas ampliações do tecido do sudário até 5.000 vezes, não se encontrou qualquer sinal de pintura. E a pintura afetaria as fibras superficiais e profundas. E nenhuma pintura pode ser realizada sob a forma de negativo tridimensional. Assim, para os cientistas que estudaram o Sudário, está totalmente afastada a possibilidade de ter sido pintada a imagem do homem do Sudário. Então, como se formou a imagem?

O Dr. Cordiglia, cirurgião italiano que fez experiências com mais de dois mil cadáveres, para tentar chegar a algo semelhante à imagem do Sudário, concluiu que fracassou, e que é humanamente impossível conseguir isso. Disse ainda que não há explicação adequada para a formação dos sinais no Santo Sudário.

Alguns cientistas da NASA integraram o grupo denominado de STURP (Shround of Turim Research Project), o Projeto de Investigação do Sudário de Turim. A eles se deve a maior parte dos descobrimentos científicos, tendo se unido em 1977. Foram eles que descobriram a existência de uma relação matemática entre a distância do corpo e a luminosidade, e a partir daí puderam estabelecer uma imagem tridimensional do homem do sudário.

Descobriu-se que nos olhos do homem do sudário havia duas moedas, uma em cada olho, e já se descobriu a mesma coisa em uma caveira em um cemitério judeu do século I.

Os cientistas da NASA descartaram a possibilidade da formação da imagem do sudário por contato, tanto químico como bacteriológico. Pouco a pouco foi se firmando a hipótese que eles chamaram de "chamuscadura".

Em 1981, O Dr. Baima Ballone, italiano, professor de medicina legal, encontrou sangue nas manchas do sudário, mas fora da imagem, e conseguiu reconhecer o grupo AB.

Os cientistas do STURP analisaram os negativos do sudário com o ordenador VP-8, que analisou as imagens recebidas de Marte, e descobriram que as imagens que o ordenador lhes devolvia eram tridimensionais, enquanto toda fotografia convencional é plana. O que dava a tridimensionalidade era exatamente a correlação da distância do corpo e da luminosidade da imagem. E a maior surpresa foi obtida quando se observou a parte dorsal da imagem. Os músculos dorsais e deltóides apareciam abaulados, e não planos, como deveriam aparecer na espalda de um morto cujo corpo se apóia em uma pedra sepulcral. E os cientistas concluíram: *"Parecia que o cadáver se vaporizara, emitindo uma estranha radiação que teria sido a responsável pela formação dos sinais do Santo Sudário. Quando se produziu a imagem deve ter havido uma radiação, desconhecida para a ciência, que foi igual em todos os pontos do corpo. Só assim poderiam ser impressas partes tão diferentes e distantes como a nuca e os pés com a mesma intensidade luminosa. Essa energia só pode ter saído do interior do corpo. De outra forma não se poderia explicar que a espalda e o peito tivessem irradiado com igual intensidade. É muito provável que no momento em que se produziu a radiação o corpo estivesse leve, em levitação, e por isso os músculos dorsais não ficaram aplanados. Não sabemos como a imagem se formou. Não é pintura, não foi por contato, não é uma impressão por calor. Não sabemos o que é. Mas podemos afirmar que não se trata de uma fraude. A alteração física do corpo no momento da ressurreição (a palavra não é minha) pode ter provocado uma liberação breve e violenta de alguma radiação diferente do calor - que pode ou não ser identificável pela ciência - e que abrasou o tecido. Neste caso, o Sudário é uma quase fotografia de Cristo no momento de retornar à vida, produzida por uma radiação ou incandescência de efeitos parcialmente análogos àqueles do calor...Concluindo, aceitar que a imagem do Santo Sudário seja uma imagem por 'abrasamento' - seja qual for a forma exata em que isso aconteceu - justifica o seguinte enunciado: o Santo Sudário só é explicável se serviu alguma vez para envolver um corpo humano ao qual aconteceu algo extraordinário. Não pode ter sido de outra maneira".*

Segundo os cientistas Stevenson e Habernas, depois de todas as conclusões dos estudos realizados no Santo Sudário, a probabilidade de o homem cuja imagem aparece no sudário não ser Jesus de Nazaré é de um contra oitenta e dois milhões novecentos e quarenta e quatro mil.

Em 1988, foi realizado o teste do carbono 14 para que se pudesse aferir a idade do tecido, e ele concluiu com a datação seguinte: entre 1260 e 1390.

Conforme se verifica das informações até aqui lançadas, apenas o teste do carbono 14 destoou do restante das conclusões de todos os cientistas que já estudaram o Santo Sudário. E hoje já se contesta os resultados do teste realizado, porque não se levou em consideração o que todos sabiam, que nas fibras do tecido se encontram incrustadas cera, pólen, microorganismos e também colônias de bactérias que continuam vivas, e que isso poderia influir na datação do tecido. Matéria orgânica mais recente pode ter contribuído para "rejuvenescer" o tecido, ou seja, indicar antigüidade menor do que a real. A errônea datação pelo carbono 14 não teria decorrido do método empregado, mas pela contaminação do lençol pelo estudo, que não pôde ser isolado de sua longa e complexa história de conteúdo de carbono.

Além do questionamento atual sobre as condições em que foram realizados os testes, há ainda suspeitas sobre a lisura dos laboratórios que os realizaram, e há até mesmo um livro que sustenta que houve uma conspiração para induzir o resultado (A Conspiração Jesus), que relata de forma investigativa toda a trama.

O Dr. Rinauld afirmou que a imagem do sudário parecia ter sido produzida por uma radiação muitíssimo bem dosada. Se tivesse havido muita radiação, a imagem teria ficado excessivamente escura. E diz ainda ele: "... é exatamente como se 'alguém' tivesse tido a intenção precisa de invocar a imagem".

O Dr. Dimitri A. Kouznetsov, cientista russo e professor dos Laboratórios de Métodos de Investigação, em Moscou, e Prêmio Lenin, usando um dos laboratórios que realizaram a datação do sudário, provou seu erro de datação, em não considerar a história de carbono 14 do tecido e os efeitos de incêndios (calor) também sobre o tecido, alterando sua datação.

Conforme informação contida na revista brasileira SUPER INTERESSANTE, ano 13, n.9, de setembro de 1999, o Santo Sudário voltou à baila no XVI Congresso Internacional de Botânica, nos Estados Unidos. Foram feitas análises em grãos de pólen encontrados no Santo Sudário, e os resultados indicaram que o manto foi tecido antes do século VIII. Isto coloca ainda mais em dúvida os resultados do teste de carbono 14, colocando-o sob suspeita, ao menos. E abre maior perspectiva de certeza quanto aos resultados dos outros exames feitos por cientistas no Santo Sudário.

Mais de trezentos testes foram realizados no Santo Sudário, e nenhum concluiu que ele era fraudulento.

Acaso tivesse de fato o tecido do Santo Sudário sido confeccionado na Idade Média, no período que o teste do carbono 14 indicou, há muitas perguntas que ficariam sem respostas, e constatações sem explicação, como por exemplo:

1 - A imagem do Santo Sudário é um negativo fotográfico, e a fotografia só foi inventada no século XIX;

2 - O tecido do Sudário é uma sarja de linho, e este tipo de tecido só foi fabricado na Europa quase em meados do século XIV. Assim, teria o falsificador ido ao oriente expressamente para buscar o tecido?

3 - O Sudário contém polens iguais aos que se encontram nas camadas sedimentares de dois mil anos atrás no Lago de Genezaré e de outras zonas da Terra por onde se pôde demonstrar que o Santo Sudário passou. Conheceria o falsificador tanto assim os polens que os foi buscar expressamente para colocá-los no tecido, a fim de serem descobertos sete séculos depois?

4 - Existem no sudário fios de sangue que se conseguiu demonstrar corresponderem a sangue venoso e arterial. Como teria conseguido o falsário colocar no tecido tipos diferentes de sangue quando ainda não se conhecia a circulação do sangue venoso e arterial?

5 - As imagens do sudário são anatomicamente corretas. Suas características patológicas e fisiológicas são claras e revelam alguns conhecimentos médicos ignorados até cento e cinqüenta anos atrás;

6 - Qual teria sido a técnica do falsário que ele levou para o túmulo sem repetir em outra obra?

7 - Como o falsário colocou no tecido sangue pré-mortal e pós-mortal, nele existente? E como pintou com albumina do soro as bordas das marcas dos açoites?

Os cientistas do STURP, após fazerem ampliações das fotos, acabaram descobrindo moedas nos olhos do homem do sudário, e depois se identificou o que nelas está escrito em grego, o correspondente em português DE TIBERIO CESAR, mesma inscrição que se encontra nas moedas chamadas léptons, cunhadas por Pôncio Pilatos entre o ano 29 e o ano 32 da nossa era, com bronze da Judéia. Isso é quase um certificado de Pilatos de que o Santo Sudário data daquele tempo.

A única conclusão a que podemos chegar, após conhecer as conclusões dos cientistas que estudarem a fundo o Santo Sudário, principalmente os integrantes do STURP, é que realmente o lençol com as imagens não é fraudulento, mas sim autêntico. E que ele de fato envolveu o corpo de Jesus depois de morto e retirado da cruz.

Além dessa conclusão anterior, somos forçados a concluir também que Jesus efetivamente morreu na cruz, afastando aquela hipótese de ter sido ele retirado vivo da cruz e que depois viveu na Índia. E ainda, que ele realmente retornou à vida no mesmo corpo que havia sido crucificado, ou seja, ressuscitou, como prometeu muitas vezes que faria, e como estava predito pelos profetas antigos de Israel.

As conclusões dos cientistas corroboram os relatos dos evangelistas, em nada contradizendo essencialmente o que sobre a morte de Jesus foi escrito. Confirmam a lapidação (açoite); a perfuração do peito no lado direito, por lança romana, depois de já estar morto; a colocação de uma coroa de espinhos na cabeça; o fato de não ter tido as pernas quebradas, ao contrário do costume romano, o que comprova que Jesus já estava morto quando lhe foram quebrar as pernas; as quedas no caminho para o Calvário.

O Santo Sudário é a prova material de que Jesus existiu, morreu na cruz e depois saiu novamente do sepulcro vivo. Ou seja, é a prova que só no final do século vinte a ciência reconheceu que Jesus realmente ressuscitou, produzindo o prodígio que ele comparou ao do profeta Jonas. E a sua imagem no Santo Sudário foi produzida por ele intencionalmente, de forma controlada, por irradiação de alguma forma de energia, de dentro de seu corpo, estando este em levitação acima da pedra do sepulcro, em forma de negativo, para somente ser visto de forma clara e estudada no final de século XX, quando teríamos tecnologia e conhecimentos suficientes para realizar os estudos que foram feitos pelo STURP. Foi tudo deliberado e premeditado. Só no século XIX a fotografia foi inventada. Assim, antes disso não se podia investigar o Santo Sudário, como passou a ser feito após ser ele fotografado. Só no século XX passamos a conhecer a radiação, e muitas outras coisas, inventamos o microscópio eletrônico, conseguimos ampliar fotos milhares de vezes etc. Equipamentos usados pela NASA para estudar fotos de Marte mostraram a tridimensionalidade da imagem, ao contrário dos negativos das fotos comuns. Só então poderíamos atestar a autenticidade do Santo Sudário, e tudo indica que Jesus sabia já desse fato, e previu tudo. Esse foi um de seus muitos milagres, mas o único com prova material para nós, e para a ciência, mesmo para os cientistas materialistas, que não conseguem explicar como a imagem se formou no tecido do Sudário de Turim. Não existe atualmente tecnologia para fazer outro igual. Não é fraude. Então só pode ser mesmo uma "fotografia" que Jesus tirou de si mesmo quando ressuscitou, para a posteridade, para nós, que nascemos no século XX.

CONCLUSÃO

Como vimos ao longo desta obra, Jesus não foi um homem igual aos outros que habitaram ou habitam este planeta. Era um homem dotado de faculdades paranormais variadas, e em grau elevado. Tinha imenso potencial de cura, captava os pensamentos das pessoas presentes, via o passado individual das pessoas, materializava seres vivos e objetos inanimados, influenciava as forças da natureza, trazia mortos de volta à vida e muitas outras coisas.

Jesus não era um louco, um lunático, nem era fanático ou radical. Muito pelo contrário, os textos dos evangelhos demonstram que ele era um homem inteligente e extremamente habilidoso no trato com as pessoas, inclusive com aqueles que o queriam derrubar e prender. Sempre se saía bem das armadilhas que preparavam para ele relativas às leis vigentes.

Jesus pregou e fez milagres durante cerca de oito a dez anos, e foi muito famoso ainda em vida. Quando saía da Palestina, indo para terras vizinhas, como Sídon e Tiro, na Fenícia, era reconhecido e procurado, tendo que se esconder muitas vezes, o que comprova sua fama mesmo fora de sua terra.

Raramente alguém contesta os milagres de Jesus alegando que a Igreja Católica pode ter acrescentado seus relatos aos evangelhos. Mas, a esse argumento ou alegação apresentamos o seguinte: os livros sagrados dos judeus não relatam milagres como os efetuados por Jesus em relação a nenhum outro profeta ou líder político.

Ninguém antes de Jesus, em Israel ou em outro país, como Grécia, Índia, Egito e China curava como Jesus. Não há indicativos históricos de curadores com o seu potencial, ou de alguém que tenha ressuscitado mortos como Jesus.

Poderia alguém sustentar que é tradição no Oriente as fábulas, lendas e contos fantásticos envolvendo poderes fantásticos aos homens. Isto é em parte real. Contudo, na tradição judaica, somente Moisés teria feito coisas fantásticas, como abrir o Mar Vermelho e lançar pragas sobre o Egito. Nenhum profeta judeu teve poderes fantásticos, segundo se lê em seus livros, que compõem a Bíblia. Assim, não era comum atribuir aos profetas poderes como os que tinha Jesus. Isto reforça a crença de que os textos dos evangelistas traduzem a verdade e a realidade que eles presenciaram ou ouviram de quem presenciou.

Jesus não era um homem infeliz com tendências ao suicídio. Não era um depressivo. Era trabalhador, tendo exercido o ofício de carpinteiro até os trinta anos, quando assumiu a postura do Messias. A partir dessa idade, passou a pregar e curar de forma incessante e habitual, tendo produzido muitos fenômenos paranormais. E apesar de perseguido desde muito cedo, soube se esquivar dos inimigos até quando decidiu se deixar prender e matar, porque isto fazia parte de seus planos, e dos planos de Deus, conforme as escrituras sagradas. Jesus não se matou, mas se deixou matar, para que pudesse ressurgir três dias depois, como previsto pelos antigos profetas.

Jesus não tinha bens pessoais durante seu tempo de pregação como Messias. E até as doações que recebia eram partilhadas com os pobres. Não tinha ambições materiais. E se tivesse, poderia ter ficado muito rico cobrando pelas curas que produzia nos ricos.

Jesus não teria morrido como morreu se não tivesse incomodado tanto os poderosos do Sinédrio, sede do poder em Israel. E isto demonstra que era independente, e que não se vendia nem se dobrava aos governantes. Não se corrompia, nem se desviava um passo de sua missão, sendo no entanto astuto bastante para se livrar de armadilhas que considerava precoces. Não podia morrer antes do tempo certo.

Tudo que se registrou a respeito de Jesus nos leva a crer que era mesmo um homem incomum, extraordinário em todos os sentidos. Inteligente, astuto, pacífico, bondoso, duro nas horas certas, manso e suave na medida correta. Sua vida tinha um propósito, que ele bem soube cumprir. Cabe-nos agora entender bem o por quê de sua vinda à Terra, o por quê de sua morte na forma descrita pelos evangelistas, e o que ele queria deixar para a posteridade.

Como vimos, o Santo Sudário é um "retrato" feito de Jesus por ele mesmo, através de radiação emanada dele. E ele sabia que só no século XX poderíamos ter essa certeza, pois só nesse século a ciência teria condições de analisar o tecido do Sudário da forma como foi feito. O que será que há de tão especial neste momento da humanidade para ter Jesus planejado que seu retrato só agora fosse conhecido? Estaremos nos aproximando do que ele chamou de fim dos tempos, ou do dia do juízo? Os sinais dos tempos estarão presentes já nesses momentos, como os terremotos, inundações, guerras e rumores de guerra, falsos profetas e falsos Cristos às dezenas em todo o mundo?

Com esta obra, nosso maior propósito é fazer as pessoas despertarem ao menos a curiosidade em relação a Jesus, passando a ler com maior atenção os evangelhos, e principalmente dando maior importância ao que ele disse e fez. Ele não era um homem comum como nós, e por isso deve ser analisado com maior atenção, lido nas entrelinhas, sem preconceitos e condicionamentos religiosos, políticos ou ideológicos.

Jesus foi um homem extraordinário, fantástico, sem nenhum comparativo com outra pessoa. Disse que estaria conosco até o fim dos tempos. E se ressuscitou dos mortos, demonstrou com isso seu poder sobre a morte corporal. Com suas pregações e sua morte deixou claro que há vida além da morte, e que seu reino não era neste mundo. Assim, nos deu a certeza de que continuaremos vivos mesmo depois de nossa morte física, o que é um grande consolo e esperança.

Jesus continua muito vivo na mente das pessoas, e vivo, também, em algum lugar em outro mundo, em outra dimensão, trabalhando por nós, e a nos esperar. Sigamos seus passos e sua luz, pois foi para ser a luz do mundo que ele viveu, sofreu e morreu.

BIBLIOGRAFIA:

Bíblia Sagrada (Edição Barsa, 1969).

ENCYCLOPAEDIA BRITANNICA DO BRASIL PUBLICAÇÕES LTDA (BARSA) - Livros e CD-ROM (Edição 1997).

Livro: O SANTO SUDÁRIO: MILAGROSA FALSIFICAÇÃO? (autor: Julio Marvizón Preny, Editora Mercurio, 1998).

Revista: SUPER INTERESSANTE: Ano 12, n.6 (junho de 1998) e Ano 13, n.9 (setembro de 1999).

Revista: GLOBO CIÊNCIA, Ano 7, n.77.

Revista: TERRA, maio 2003, Ano 12.

Printed in Great Britain
by Amazon

47050999R00071